现代经济与管理类系列教材

U0367908

电子商务概论实验教程

蒲忠　刘琴　编著

清 华 大 学 出 版 社
北京交通大学出版社
·北京·

内 容 简 介

本书是电子商务专业核心课程"电子商务概论"的配套实验教材，学生通过本书编写的实验项目操作可进一步加强对电子商务原理和实际应用的理解。本书共分为 10 章，包括绪论、网络商务信息检索与分析实验、典型的电子商务网站综合分析、电子支付实验、B2B 电子商务综合实践、B2C 电子商务综合实践、C2C 电子商务综合实践、移动电子商务实验、典型网站演练实验、跨境电子商务演练实验。本实验教程实验学时建议设置为 24 个学时。

本书主要面向高校本科院校电子商务专业，也可供非电子商务专业学生学习使用，还可以作为高职高专院校相关专业学习的参考书。

图书在版编目（CIP）数据

电子商务概论实验教程/蒲忠，刘琴编著 .—北京：北京交通大学出版社：清华大学出版社，2021.11

ISBN 978-7-5121-4623-5

Ⅰ．①电…　Ⅱ．①蒲…　②刘…　Ⅲ．①电子商务-实验-教材　Ⅳ．①F713.36

中国版本图书馆 CIP 数据核字（2021）第 237423 号

电子商务概论实验教程
DIANZI SHANGWU GAILUN SHIYAN JIAOCHENG

责任编辑：赵彩云

出版发行：清华大学出版社　　邮编：100084　　电话：010-62776969　　http://www.tup.com.cn
　　　　　北京交通大学出版社　邮编：100044　　电话：010-51686414　　http://www.bjtup.com.cn

印 刷 者：北京时代华都印刷有限公司

经　　销：全国新华书店

开　　本：185 mm×260 mm　　印张：7.25　　字数：186 千字

版 印 次：2021 年 11 月第 1 版　　2021 年 11 月第 1 次印刷

印　　数：1~1500 册　　定价：29.00 元

前　言

　　"十二五"以来，电子商务日益成为国民经济和社会信息化的重要组成部分，电子商务应用对促进我国生产、流通和消费，推动我国的国民经济发展发挥着越来越重大的作用。据国家统计局数据显示，自 2013 年起，我国已连续八年成为全球最大的网络零售市场。即使在 2020 年，面对疫情巨大冲击和复杂严峻的国内外环境，我国网络零售市场仍保持稳健增长，市场规模再创新高，我国网上零售额达 11.76 万亿元，电子商务交易额达 37.21 万亿元，再次雄霸全球电商市场榜首。伴随而来的是电子商务教育的强势发展，根据教育发展需要，教育部在《普通高等学校本科专业目录（2020 年版）》中的管理学学科门类下设立了电子商务专业类，其下设电子商务、电子商务及法律、跨境电子商务三个本科专业。截至 2017 年 10 月全国有 528 所高校开设电子商务专业，10 所高校开设电子商务及法律专业，在校本科生 11.5 万余名。还有众多的院校虽然没有申办电子商务本科专业，但是工商管理、市场营销、信息管理与信息系统等专业开设了电子商务概论、电子商务管理等课程。

　　多年的教学实践使我们深深感受到，市场上虽然电子商务的教科书繁多，但要找到一本与所用教科书匹配的实验指导书难之又难。在电子商务的教学过程中，电子商务概论是电子商务专业极其重要的专业基础课，是电子商务专业类教学质量国家标准规定的核心专业课之一，也是电子商务专业其他课程的先修课程，加之我们 2013 年曾在清华大学出版社出版过《电子商务概论》一书，反响尚可。故在这次《电子商务概论》再版之际，在清华大学出版社、北京交通大学出版社、西南石油大学教务处和经济管理学院的鼓励支持下，我们就以"电子商务概论"这门课的实验教材建设为突破口，与主教材内容密切配合，组织编写了这本书，暂时缓解电子商务专业实验教学之急，这也为后续其他相关课程的教材建设和实验配套教材建设做了有益尝试。

　　本书是西南石油大学 2020 年校级规划教材《电子商务概论》（该书由清华大学出版社和北京交通大学出版社出版）的配套教材，同时也是西南石油大学大数据管理研究所 2020 年度的重要研究成果之一、教育部学校规划建设发展中心新商科智慧学习工场系列教材之一。本书由西南石油大学蒲忠负责全书的总体框架结构设计。本书的编者均是西南石油大学长期从事电子商务实验教学与科研工作的一线教师。具体编写分工如下：蒲忠负责前言第 1、2、3、8、9 章编写，刘琴负责第 4、5、6、7、10 章编写。全书由蒲忠负责统稿、审阅。

　　在本书的写作过程中，我们参考了国内外许多学者专家的研究成果和网络资料，本书的成功出版得到了西南石油大学教务处、清华大学出版社、北京交通大学出版社的大力支持，尤其是北京交通大学出版社赵彩云编辑等出版社工作人员从始至终的耐心工作，在此表示衷心的感谢！

　　由于时间仓促，编者水平有限，书中还存在一些不足之处，恳请同行专家学者、广大读者批评指正。

蒲忠

2021 年 9 月于香城学府

目　录

第1章 绪 论

 1.1 电子商务实验教学的现状及意义

随着信息技术的快速发展和广泛应用，电子商务成为国民经济和社会信息化的重要组成部分，我国的电子商务应用对促进生产、流通和消费，推动国民经济发展发挥着越来越重大的作用。据有关数据显示，自2013年起，我国已连续八年成为全球最大的网络零售市场。即使在2020年，面对疫情巨大冲击和复杂严峻的国内外环境，我国网络零售市场仍保持稳健增长，市场规模再创新高。国家统计局数据显示，2020年中国网上零售额达11.76万亿元（人民币，下同），比上年增长10.9%，网上零售额占社会消费品零售总额的30.0%，较2019年增长3.9个百分点，全国电子商务交易额达37.21万亿元，同比增长4.5%，再次牢牢占据全球电商市场排行榜首位。与此同时，根据电子商务研究中心、智研咨询等机构研究数据显示，2020年电商企业业务规模扩大，人才需求强烈，招聘工作压力大的企业占42.86%，占比最大；人员比较稳定，能满足企业运营要求的企业占31.63%；招聘常态化，每个月都有招聘需求的企业占18.37%；人员流失率高，人员不稳定，招聘难度大的企业占7.14%。与2019年相比，处于招聘常态化及人才需求强烈的企业比例上升了5.23%，行业人才需求仍然旺盛。2020年淘宝、天猫等网站传统运营人才需求占51.02%；新媒体、内容创作、社群方向人才需求占47.96%；主播（助理）、网红达人方向人才需求占46.94%；客服、地推、网销等方向人才需求占39.80%；专业数据分析与应用人才需求占22.45%。近两年来，主播（助理）、网红、达人方向人才需求增长迅速。从以上数据可以看出我国电子商务的快速发展使得社会对新时期电子商务人才尤其是跨境电商、新零售等实操类人才的需求急剧增加，但电子商务人才培养模式尤其是实验教学培养模式却不能与时俱进，落后于社会实际需要。

电子商务实验教学是电子商务专业教学的重要组成部分，所以组织好电子商务实验教学对于帮助学生掌握电子商务基础知识和专业技能，培养学生电子商务的全局观念，树立学生创新意识具有十分重要的意义。要组织好电子商务实验教学必须先对电子商务专业教学现状有一个清晰的认识。

教育部在《普通高等学校本科专业目录（2020年）》中的管理学学科门类下设有电子商务专业类，下设电子商务、电子商务及法律、跨境电子商务三个本科专业。截至2017年10月全国有528所高校开设电子商务专业，10所高校开设电子商务及法律专业，在校本科生11.5万余名。在《普通高等学校高等职业教育（专科）专业目录》中设有电子商务专业类，下设电子商务专业，在计算机专业类下设有电子商务技术专业。2017年，全国共有

1 016所高等职业学校备案开设上述专业，拟招生人数13.6万余名。

2017年教育部高等学校电子商务专业类教学指导委员会研制了电子商务专业类教学质量国家标准，明确了培养目标、培养规格、课程体系、教学规范、师资队伍、教学条件、质量保障等。其中，明确提出"实验、实训、实习类教学是贯穿于电子商务本科教学全过程的必备教学内容"，"实践教学课程不低于总学分的20%"。

目前高校在电子商务人才培养过程中实践教学的总学时虽然达到了不低于20%的要求，但由于师资力量匮乏、教学模式模糊等导致大多要么注重对学生信息网络技术的训练，对管理和商务技能实训的力度不足，要么偏重对管理和商务技能的实训，对学生信息网络技术的训练不足。鲜有能很好地让学生利用信息技术进行商务实操和创新商务模式训练。实际上，从前面有关调查数据不难看出，企业缺乏的正是那些能够将技术较好地运用到商务活动实践中，能够在日常商务活动中创新商务运行模式的专业人才。因此，电子商务专业人才培养不但要求学生掌握诸如网站设计、开发及维护等计算机及网络相关知识和技能，还要求学生掌握电子商务流程与模式，熟悉主要商业模式的应用及管理，掌握电子商务常用工具的使用，掌握网络营销技巧与方法，熟悉电子商务运作环境，具备商务创新意识与能力，成为一名合格的电子商务专业人才。因此，在电子商务教学体系中，应注意加强引导学生在商务流程、商务模式和电子商务技术相结合方面的技能训练，培养出既懂技术又精通商务，勇于创新的复合型人才。

1.2 电子商务实验教学存在的问题

目前，高校电子商务专业实验教学主要是通过计算机软件进行模拟教学。从实验流程来看，实验操作虽然比较简单，但学生实际操作时遇到的问题较多，主要表现在以下几个方面。

（1）电子商务实验教学方法有待改进。在电子商务实验课程的教授过程中，任课老师的教学方法不合适，往往会影响教学效率。任课老师在该课程的教学过程中，一般采用讲授教学法、讨论教学法或者问答教学法等教学手段。这些教学方法虽然涉及大量的理论知识，但是学生缺少实际操作机会。学生即使有足够的时间进行实际操作，也只能参考教材中演示的流程，机械地进行模仿和学习，不能发挥自己的优势，拓宽思维，实践能力得不到有效提高。

（2）实践教学体系亟待完善。实践教学环节在电子商务人才培养过程中起着举足轻重的作用。在电子商务人才培养过程中，要注重实践教学的展开。我国现在大多数高等院校的电子商务实践教学模式仍处于摸索阶段，所以要更进一步完善教学的内容、手段、质量评估方法，并提供良好的实验实践条件。

（3）过分依赖模拟实验教学软件。当前我国电子商务专业的实验教学课程大多还是使用模拟实验教学软件，学生在操作时通常按照预先设定的程序、方法和步骤来进行。该模式有助于学生较快地熟悉电子商务业务，了解其操作流程。但是在开发过程中大部分模拟教学软件经常是人为地设置初始条件，将复杂问题处理得更加简单和理想化。学生在软件的模拟操作过程中了解的电子商务，往往与企业实际采用的电子商务存在一定差距。而且按照手册流程进行的操作较为机械化，不具备一定难度，学生的能力得不到有效锻炼。

（4）某些软件系统设置过于复杂，学生操作困难。实践过程包括后台操作和前台操作，学生需要在后台设置店铺、装修店铺、添加商品、开展促销活动，在前台进行商品信息展示、选购商品、参与在线营销、下单支付。整个实验过程涉及多个环节，操作流程复杂，不同的角色需要完成不同的任务，需要学生不停地切换角色，容易混淆出错，如商家需要进行进货管理、库存管理、物流管理、售前管理、售中管理和售后管理等。学生基本在实际生活中都有过网络购物经历，相对容易理解前台购物操作，而后台管理操作比较复杂，很多时候由于课程的先修后续和培养方案制约，没有相关的知识积累，学生往往难以理解和掌握。

（5）实验环境与真实环境差异较大。学生在实验模拟环境中操作，没有现金支付，也没有真实的消费者，商家也是虚构的，无法反映真实的、瞬息万变的市场，这与真实的网络购物环境有较大差别。商家对售后管理不够重视，没有及时处理软件出现的问题，影响了教学质量和效果。此外，商家对软件的更新过于缓慢，不能与时俱进，没有及时将一些诸如O2O、社区团购等新形式的电子商务体现到软件中，有些软件的流程甚至完全和当前实际脱节。

1.3　电子商务实验教学的目标

电子商务是一门实践性很强的学科，组织好电子商务实验教学对于帮助学生掌握电子商务基础知识和专业技能，深入理解电子商务原理和过程，提高学生综合应用理论知识能力，树立学生创新意识具有重大意义。电子商务专业的培养目标是培养能够将信息技术与经济管理紧密结合的复合型、创新型人才，培养学生理解和运用知识的能力、分析与综合能力以及创造性思维能力。这就要求电子商务实验教学应以学生为中心，以掌握多学科复合型知识为基础，以增强实际应用为重点，以培养创新能力为目标。

（1）电子商务实验教学要使学生能验证、加深理解电子商务理论知识，培养他们的操作技能。电子商务专业教学内容涵盖了电子商务基础知识和各种专业技能，包括电子商务模式、技术、物流、支付、安全和法律法规等。由于涉及面广，内容繁杂，技术与理论知识更新速度快，学生觉得技术、物流、支付、安全等教学内容比较抽象，学习效果不太理想。通过电子商务实验使学生能够直接感受电子商务知识的商业化应用过程，体验电子商务的商务流程和技术特点，通过在"做中学"，掌握电子商务基本知识和操作技能。

（2）电子商务实验教学要能提升学生对理论知识的应用能力。通过实验使学生提高动手能力、独立策划能力、综合应用理论知识能力、适应社会需求的能力；使学生能够综合应用电子商务的技术和各种经济管理理论，提出电子商务解决方案，撰写电子商务的商业计划书。

（3）通过电子商务实验教学要能培养学生的创新能力。电子商务是基于信息技术和网络技术的新型经济活动，层出不穷的新技术孕育着新商务模式，谁能把握新的商务模式，谁就有可能在竞争中占据主导地位，电子商务专业人才应能敏锐地面对不断出现的新技术和纷繁复杂的商务环境，抓住机会，大胆创新。创新能力需要在教学过程中逐渐形成，不断积累，勇于实践。电子商务实验可以使学生开阔视野、扩大知识领域，引导学生在实验中学会发现问题、提炼问题和解决问题，培养学生发现潜在的商机、创业商业模式甚至自主创业的意识和能力，并且能够根据自己对社会的认识和发现，分析社会需求，设计并实施电子商务解决方案。

（4）电子商务实验教学要能树立学生的初步创业意识。电子商务应用的深化以及商务环境的不断完善为企业开拓创新提供了广阔的市场，资本、人才等纷纷进入电子商务领域。培养学生的创业能力，除了要培养其创新基础知识和技能外，还要培养其树立创业信心和意识，加强学生创业方面的实践训练。在电子商务实验教学过程中，可通过网上开店等真实创业实践，增加学生的创业经验，调动学生主动学习的积极性，激发学生的创业潜能。

 ## 1.4　电子商务实验类型

电子商务实验可按学生参与程度和电子商务知识层次两种方法分类。

1.4.1　按学生参与程度分类

1. 演示性实验

演示性实验主要通过教师演示引导学生初步了解电子商务，增强学生对电子商务专业知识的感性认识，如教师演示网络连接及其各种可能出现的错误，网上交易等。

2. 模拟性实验

模拟性实验是由学生模拟实际的电子商务活动，使学生参与到虚拟的商业活动之中，增加对商业活动的直接感受，如模拟网上促销、网上订货等。

3. 制作性实验

制作性实验是由学生完成规定功能与结构，以范例为模板制作出能够达到某种教学目标的系统，如网页、网站、信息系统等。

4. 设计性实验

设计性实验是针对该实验预先设定的目标功能，参考有关范例，提出自己的设计思想和方案，如网页设计、后台设计等。

5. 创新性实验

创新性实验着眼于引导学生发现问题，正确提出问题，大胆提出假设，周密地设计方案。电子商务的创新性实验不着眼于发现科学原理，而在于提出新商业模式，因此，它往往与设计性实验有密切的关系。

1.4.2　按电子商务知识层次分类

1. 认知性实验

认知性实验在于对知识点的实践现象加以确认，达到从现象上理解知识，让学生能够直观和感性地认识"是什么"和"不是什么"。在手段上，它主要借助于演示性实验和有一定学生参与程度的模拟性实验。

2. 验证性实验

验证性实验在于对知识点，特别是对规律和原理性的知识用实验结果进行验证，通过改变影响变量的数值和环境，观察和分析实验结果，通过对规律、原理的验证，达到加深理解

知识的目的。验证性实验需要在一定的模拟环境下进行，大部分的模拟性实验需要建立相应的模拟实验环境

3. 应用性实验

应用性实验着眼于知识和运用，是将与专业有关的知识有意识地运用于某些技术目标、系统设计目标和虚拟的商业活动，它着眼于重视环境、构建环境和动手建造环境，它是局部件的设计和制作，但仍然可以有自己的设计思想。应用性实验是通过制作性实验、设计性实验完成的。

4. 创新性实验

创新性实验在于学生自主地综合应用专业知识，完成与商业实践有关的实验活动，它不局限于现有知识，而是将知识作为基础，针对观察到的新现象、提出的新问题，发现新的经营模式和商业机会。

5. 综合性实验

综合性实验可以分为综合运用实验、综合创新实验、创业实验。综合运用实验即在应用性实验基础上，综合多门课程的知识完成一项具有一定实际应用价值的设计，如校园二手货交易市场；综合创新实验即在基本训练完成以后，提出新的技术实现方式、新的商业理念和经营模式，或者在分析现有经营模式基础上，提出新的设计思想并进行组织的实验；创业实验即在创新实验的基础上，完善系统设计、提出商业计划、运筹创业资源。由于综合性实验规模较大，为了训练学生的合作能力，应特别强调学生自主实验和以团队合作方式来完成。

1.5 本书主要内容

本实验教程是清华大学出版社和北京交通大学出版社出版的《电子商务概论》一书的配套实验教材，紧密结合教材理论教学，故为节省篇幅，本书不再赘述理论准备部分内容。本书主要包括 9 个实验，建议学时为 24 个学时。其中第 4、5、6、7 章实验的实施是以国内电子商务实践教学软件商南京奥派软件公司开发的"奥派电子商务应用软件"为平台基础，运用奥派电子商务应用软件对大学生进行实验训练，这部分实验项目建议电子商务专业学生必选。第 2、3、8、9、10 章通过使用一些通用搜索引擎、专业数据库和电子商务网站或App 完成实验，建议非电子商务专业根据本学校授课学时安排选做其中部分实验项目，电子商务专业学生也可自行选做这部分实验项目。

本实验教材主要针对高校本科院校电子商务专业，也可供非电子商务专业学生学习使用，还可以作为高职高专院校相关专业学习的参考书。

1.6 电子商务实验报告撰写

1.6.1 实验报告的组成

（1）实验目的。实验目的是指实验预期能达到的目标和要解决的问题。例如，个人网上

银行实验的目的主要是申请开通网上银行，学会网上银行的基本应用。

（2）实验要求。实验要求是为确保实验顺利安全完成所做的一些规定，如遵守实验室规章制度，实验报告的格式要求等。

（3）实验内容与步骤。实验内容用来说明实验的主要内容，实验步骤用来记录实验操作的主要过程。

（4）实验结论与体会。学生要总结对所做实验的看法以及实验的收获和体会。对于实验结果要进行分析并得出结论。如发现问题，则应给出解决方案或改进建议。

1.6.2　学生实验报告样表

根据上面所述，我们绘制出一份电子商务学生实验报告样表仅供参考，见表1-1。

表1-1　电子商务专业学生实验报告表

学生姓名		学号		专业年级	
实验课程		实验项目名称			
实验类别		实验学时			
实验时间		实验地点			
实验目的					
实验内容					
实验要求					
实验步骤					
实验结论与体会					
实验成绩		教师签字			

第 2 章　网络商务信息检索与分析实验

 ## 2.1　实验基础信息

2.1.1　实验类别

本实验建议设置为综合性实验。

2.1.2　实验学时

本实验建议安排 2 学时。

2.1.3　实验目的

通过本实验，使学生了解利用网络进行商务信息检索的基本思路，掌握利用网络进行商务信息检索的主要方法并正确使用这些方法找到目标内容并进行分析整理。

2.1.4　实验软硬件及耗材准备

仪器设备：接入 Internet 的主流服务器一台，主流微机若干台，打印机一台。
消耗材料：打印纸。

2.1.5　实验内容和要求

1. 实验内容

（1）请在 www.1688.com 上查找在成都（或教师指定某个区域）市场上某种商品（可由任课老师根据实际情况开课时自行确定某种商品）的供应信息和求购信息。

（2）请在 www.alibaba.com 上搜索两个不同国家或地区 Vodka 酒（或由教师指定其他合适商品）销售商店、批发商或进出口公司的 Vodka 酒的价格。

（3）请利用通用搜索网站（如百度等）和学校购买的中英文数据库查询亚洲某一国的人均烈酒（或由教师指定其他合适商品）消费量和关税政策并分析之。

2. 实验要求

（1）遵守实验室各项规章制度。

（2）考核根据实验课上表现和实验完成及报告撰写情况进行综合评定。

（3）要按规定格式认真撰写实验报告（打印或手写）。不要更改实验报告模板。实验报告需提交打印版和电子版，电子版文件以"学号－姓名－实验名称"形式命名，如

"20210010001-张三-网络商务信息检索与分析实验"。

（4）实验报告正文用宋体、小四号字，1.25 倍行距，标准字间距。

（5）学生要独立完成实验，进入网站或数据库需注册并登录，注册名用自己的学号或姓名，实验报告中每个关键步骤均要有显示自己学号或姓名的截图。

2.2 教师准备工作

任课老师或实验指导教师需要做好以下工作。

（1）任课老师或实验指导教师在实验开始前，要提前将本次实验的有关内容和要求通过课程微信公众号、网络课堂、QQ 群或微信群等方式告知选课学生，让学生提前预习实验内容并做好相应的准备工作。

（2）任课老师或实验指导教师在实验开始前需根据学校教务系统确认的选课名单核对实验系统学生名单。

（3）任课老师或实验指导教师在实验开始前要确定 2.1.5 节中要调查的区域市场、商品和检索用的网站和数据库，并通知学生。

（4）任课老师或实验指导教师在实验过程中要随时指导学生，确保实验顺利完成。

2.3 学生实验步骤

学生需要做好以下工作。

（1）实验开始前通过课程微信公众号、网络课堂、QQ 群或微信群等方式了解本次实验的有关内容和要求，提前预习实验内容并做好相应的准备工作。

（2）在学校教务系统中确认自己已经选课成功。

（3）提前了解 www.1688.com、www.alibaba.com、各大搜索网站（如百度、360、必应、搜狗等）和学校所购买的有关数据库的使用方法。

（4）按照实验要求按时完成本次实验，并按照规定格式提交实验报告。

第3章 典型的电子商务网站综合分析

 ## 3.1 实验基础信息

3.1.1 实验类别

本实验建议设置为综合性实验。

3.1.2 实验学时

本实验建议安排 2 学时。

3.1.3 实验目的

通过本实验项目，使学生了解国内外各主要类型电子商务网站的现状，了解它们的基本结构和功能。通过使用必要的分析方法对国内外各类典型电子商务企业网站的建站风格、业务功能、盈利模式等进行深入全面的评估分析，树立电子商务的专业意识，提高学生综合分析问题的能力。通过对国内外典型电子商务网站的分析比较，学习优秀网站的建站经验，增加学生对电子商务网站建设的知识和经验积累。

3.1.4 实验软硬件及耗材准备

仪器设备：接入 Internet 的主流服务器一台，主流微机若干台，打印机一台。
消耗材料：打印纸。

3.1.5 实验内容和要求

1. 实验内容
（1）选定本次实验三种类型的电子商务及其典型优秀网站。
B2B 网站：如 1688、alibaba 等。
B2C 网站：如京东、天猫等。
C2C 网站：如淘宝、（京东）拍拍等。
（2）对选择的不同类型网站按需选择并确定评估指标体系（可在实验前根据各校开课情况由教师选定），选择分析所需要的工具。可供选择的分析评估指标如下（考虑到第 9 章实验开展内容，建议本实验在下列指标的前 18 项中选择，实验顺序可和本章互换。如实验学时较少，则第 9 章和本章可合并进行实验，仅供参考）：网站类型、网站简介、主页样式、网站结构、网站风格、网站导航系统、主页完整显示速度、网页框架、网页内容质量、网页更新时间、访问人数、网站客户服务内容、访问者平均浏览时间和深度、网络广告类型、社区讨论、客户联系、友情链接、行业分析、网上订购系统、支付方式、订单跟踪、配送系统等。

（3）按评估指标体系对选定的三种类型的典型电子商务网站进行分析、比较和评估。

2. 实验要求

（1）遵守实验室各项规章制度。

（2）考核根据实验课上表现和实验完成及报告撰写情况进行综合评定。

（3）要按规定格式认真撰写实验报告（打印或手写）。不要更改实验报告模板。实验报告需提交打印版和电子版，电子版文件以"学号－姓名－实验名称"形式命名，如"20210010001－张三－网络商务信息检索与分析实验"。

（4）实验报告正文用宋体、小四号字，1.25 倍行距，标准字间距。

（5）学生要独立完成实验，进入网站需注册并登录，注册名用自己的学号或姓名，实验报告中每个关键步骤均要有显示自己学号或姓名的截图。

3.2 教师准备工作

任课老师或实验指导教师需要做好以下工作。

（1）任课老师或实验指导教师在实验开始前需根据学校教务系统确认的选课名单核对实验系统学生名单。

（2）任课老师或实验指导教师在实验开始前，要提前将本次实验项目通过课程微信公众号、网络课堂、QQ 群或微信群等方式告知选课学生。

（3）任课老师或实验指导教师在实验开始前要根据本校专业实际情况在 B2B、B2C、C2C 三种电子商务模式中各指定 2 个典型的适用于教学实验的电子商务网站以利于实验报告评比，并通过课程微信公众号、网络课堂、QQ 群或微信群等方式告知选课学生，让学生提前熟悉以上典型电子商务网站并做好相应的准备工作。

（4）任课老师或实验指导教师在实验开始前要根据本校专业实际情况在 3.1.5 节列出的分析评估指标中确定若干指标，并通过课程微信公众号、网络课堂、QQ 群或微信群等方式告知选课学生，让学生提前熟悉相关实验内容并做好相应的准备工作。

（5）任课老师或实验指导教师在实验过程中要随时指导学生，确保实验顺利完成。

3.3 学生实验步骤

学生需要做好以下工作。

（1）在学校教务实验系统中确认自己已经选课成功。

（2）实验开始前通过课程微信公众号、网络课堂、QQ 群或微信群等方式了解本次实验项目。

（3）实验开始前通过课程微信公众号、网络课堂、QQ 群或微信群等方式得到任课老师指定的 B2B、B2C、C2C 各典型网站，并做好相应的准备工作。

（4）实验开始前通过课程微信公众号、网络课堂、QQ 群或微信群等方式知晓任课老师已经确定 3.1.5 节列出的网站分析评估指标，并做好相应的准备工作。

（5）按照实验要求按时完成本次实验，并按照规定格式提交实验报告。

第 4 章 电子支付实验

 ## 4.1 实验基础信息

4.1.1 实验类别

本实验建议设置为验证或综合性实验。

4.1.2 实验学时

本实验建议安排 2 学时。

4.1.3 实验目的

通过本实验项目，使学生了解电子支付的原理。

本实验是整个电子商务教学软件中至关重要的一部分。要完成其他部分的实践，必须要经过网上银行。

4.1.4 实验软硬件及耗材准备

仪器设备：接入 Internet 的主流服务器一台，主流微机若干台，打印机一台。

软件：南京奥派信息产业股份公司开发的"奥派电子商务应用软件"。

消耗材料：打印纸。

4.1.5 实验要求

（1）遵守实验室各项规章制度。

（2）考核根据实验课上表现和实验完成及报告撰写情况进行综合评定。

（3）要按规定格式认真撰写实验报告（打印或手写）。不要更改实验报告模板。实验报告需提交打印版和电子版，电子版文件以"学号-姓名-实验名称"形式命名，如"20210010001-张三-网络商务信息检索与分析实验"。

（4）实验报告正文用宋体、小四号字，1.25 倍行距，标准字间距。

（5）学生要独立完成实验，进入"奥派电子商务应用软件"需注册并登录，注册名用自己的学号或姓名，实验报告中每个关键步骤均要有显示自己学号或姓名的截图。

4.2 教师准备工作

任课老师或实验指导教师需要做好以下工作。

（1）任课老师或实验指导教师在实验开始前需根据学校教务系统确认的选课名单核对实验系统学生名单。

（2）任课老师或实验指导教师在实验开始前，要提前将本次实验项目通过课程微信公众号、网络课堂、QQ 群或微信群等方式告知选课学生。

（3）任课老师或实验指导教师在实验开始前要对"奥派电子商务应用软件"进行必要的系统设置以便学生顺利进行实验。

（4）任课老师或实验指导教师在实验过程中要随时指导学生，确保实验顺利完成。

4.3 学生实验步骤

学生需要做好以下工作。

（1）在学校教务实验系统中确认自己已经选课成功。

（2）实验开始前通过课程微信公众号、网络课堂、QQ 群或微信群等方式了解本次实验项目。

（3）按照实验要求按时完成本次实验，并按照规定格式提交实验报告。

4.4 个人网上银行

【实践情景】

网上银行主要是指银行利用 Internet，向客户提供开户、销户、查询、对账、行内转账、跨行转账、信贷、网上证券、投资理财等服务项目，使客户足不出户就能够安全便捷地管理活期和定期存款、支票、信用卡及个人投资等。可以说，网上银行是在 Internet 上的虚拟银行柜台。网上银行是整个电子商务中至关重要的一部分。要完成其他部分的实践，必须要经过网上银行。

本章实验以国内电子商务实践教学软件商的南京奥派软件公司开发的"奥派电子商务应用软件"为平台，进行实验教学的实践。网上银行的操作主界面，如图 4-1 所示。在主界面中，系统提供了"中国工商银行""招商银行""交通银行"三家银行的操作功能，具体操作基本一致。本节个人网上银行以"招商银行"为例，介绍其电子银行的相关操作。个人网上银行的主要功能操作流程，如图 4-2 所示。

图 4-1　网上银行操作主界面

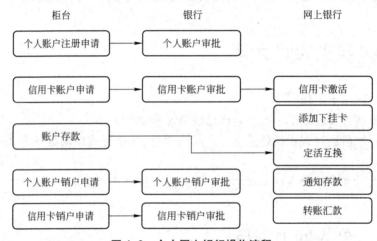

图 4-2　个人网上银行操作流程

【实践步骤】

4.4.1　基本业务

1. 账户管理

账户管理主要是对用户在系统中的账户信息进行基本的管理，主要包括账户查询、账户申请、账户审批等功能。账户查询为该账号下全部的账户信息列表，如图 4-3 所示。

账户查询：主要提供了"账户基本信息查询""账户当日明细查询""账户历史明细查询"等三种类型的账户信息查询，如图 4-4 所示。

在"账户基本信息查询"中，可以查询到账户的余额信息，以及存款类型和开户日期。

如果当天进行了交易，在"账户当日明细查询"中可以查询到详细列表。

开户以来的账户明细，在"账户历史明细查询"中可以查到。

账户申请：如果没有账户可以先申请账户。在主界面中单击"个人账户"申请，进入账户申请功能。按照页面提示，如实填写申请人信息，如图 4-5 所示，填写完毕后，单击

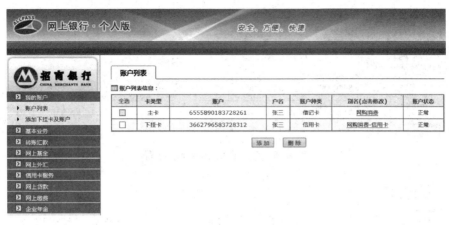

图4-3　账户列表信息查询界面

图4-4　个人账户查询界面

"申请"按钮。

图4-5　个人账户申请资料填写界面

账户审批：在主界面中，选择"银行柜台"角色，单击"进入"银行柜台业务操作界面。在"注册账户申请审批"功能中，可以看到系统中待审核的账户申请记录，如图4-6所示。单击"审批"，可以查阅申请信息，如图4-7所示，单击"审批通过"即可完成该账户申请的审批操作。

2. 定活互换

"定活互换"是指将活期账户中的存款转为定期存款，或将定期存款转为活期存款。"活期转定期"可以选择多种转账类型，还可以选择到期后的转存操作。

在主界面中，选择拟操作的银行账户，单击"进入网上银行"，在左侧"基本业务"菜

图4-6 个人客户审核列表界面

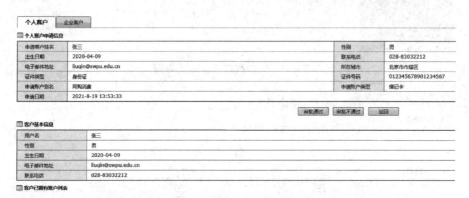

图4-7 个人客户审核详情界面

单中找到"定活互换"。在界面中，填写转账金额，选择转账类型和约转存期，如图4-8所示，单击进入下一步。

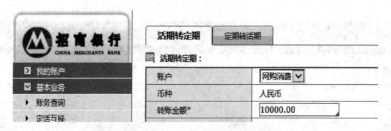

图4-8 "活期转定期"信息输入操作界面

输入密码，单击"转账确认"，如图4-9所示，即完成"活期转定期"的操作。

活期转定期	定期转活期
账户	6555890183728261
币种	人民币
转账金额	10000.00
转账大写金额	壹万元
转账类型	三个月(整存整取)
约转存期	六个月(整存整取)
交易密码	

转账确认

图4-9 "活期转定期"信息确认界面

如果遇到紧急情况，定期的钱也可以转为活期。选择页面"定期转活期"功能选项卡，进入操作界面，如图4-10所示。单击拟转出的账户最后一列"转出"功能，输入转账金额，交易密码，如图4-11所示，即可完成转出。转出金额，不能超过该账户可用余额（支持部分转出）。

账户代码	币种	钞汇	起息日	到期日	存期	约转存期	可用余额	转出
6555873359	人民币	钞	2020-4-28 9:48:16	2020-7-28 9:48:16	三个月(整存整取)	三个月(整存整取)	10000.00	转出

图4-10　定期转活期账户明细列表界面

账户	6555890183728261
币种	人民币
转账金额	5000.00
转账大写金额	伍仟元整
交易密码	●●●●●●

图4-11　定期转活期信息输入界面

输入需要转账的金额以及交易密码，确认转账。

3. 通知存款

通知存款是一种不约定存期、支取时需提前通知银行、约定支取日期和金额方能支取的存款。个人通知存款不论实际存期多长，按存款人提前通知的期限长短划分为一天通知存款和七天通知存款两个品种。一天通知存款必须提前一天通知约定支取的存款数额，七天通知存款则必须提前七天通知约定支取的存款数额。人民币通知存款最低起存、最低支取和最低留存金额均为5万元。通知存款相关业务操作主界面，如图4-12所示。

图4-12　活期转通知存款功能主界面

如果系统提示"尚无可操作的银行账户",则需要先添加下挂卡,下挂卡添加的操作在"我的账户"—"添加下挂卡及账户"中选择。如果账户余额不足 5 万元,也不能进行"通知存款"操作。活期转通知存款信息输入,如图 4-13 所示。

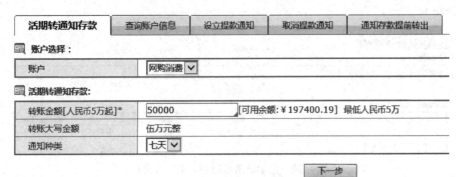

图 4-13 活期转通知存款信息输入示例界面

活期转通知存款的账户应是下挂卡账户,填写转账金额,选择通知种类,最后输入密码确认,如图 4-14 所示。

活期转通知存款:	
账户	6555890183728261
转账金额(¥)	50000
转账大写金额	伍万元整
通知种类	七天
交易密码	●●●●●

转账确认

图 4-14 活期转通知存款交易密码输入转账确认界面

设立提款通知。选择账户单击"下一步",如图 4-15 所示。

图 4-15 设立提款通知操作界面

输入金额,单击"确定",如图 4-16 所示。

提款通知可以取消。在账户通知存款列表表格中,单击对应行的"取消通知"即可。如图 4-17 所示。

通知存款提前转出。在界面中输入转出金额和交易密码,如图 4-18 所示,单击"确定"。

4. 储蓄存款利率查询

在储蓄存款利率查询界面中可以查阅各个币种的储蓄利率,如图 4-19 所示。

設立提款通知：

通知种类	七天
开户日期	2020-4-28
当前余额(¥)	50000.00
通知金额(¥)	50000 ✗

确定　返回

图4-16　设立提款通知金额信息输入确认界面

活期转通知存款　查询账户信息　设立提款通知　**取消提款通知**　通知存款提前转出

账户通知存款查询：

账户　网购消费 ▽

账户通知存款列表：

通知预约号	存款种类	通知金额	通知日期	到期日	通知状态	操作
170	七天	50000.00	2020-4-28	2020-5-5	已通知	取消通知

记录总数：1 总页数：1 当前页：1　　　　　　首页上一页[1]下一页尾页

图4-17　取消提款通知操作界面

活期转通知存款　查询账户信息　设立提款通知　取消提款通知　**通知存款提前转出**

通知存款提前转出：

通知种类	七天
开户日期	2020-4-28
当前余额(¥)	50000.00 [已经申请提款通知的金额：¥50000.00]
转出金额(¥)	10000
交易密码	••••••

确定　返回

图4-18　通知存款提前转出金额及交易密码输入界面

储蓄存款利率查询

币种/年利率%	活期	一个月(整存整取)	三个月(整存整取)	六个月(整存整取)	一年(整存整取)	两年(整存整取)	三年(整存整取)	五年(整存整取)	一年(零存整取)	三年(零存整取)	五年(零存整取)	通知存款一天	通知存款七天
人民币	0.7200	3.3300	3.7800	4.1400	4.6800	5.4000	12.0000	1.2530	2.3654	3.2014	5.0120	0.8100	1.3500
欧元	0.1000	0.7500	1.0000	1.1250	1.2500	5.0000							0.3750
日元	0.0001	0.0100	0.0100	0.0100	0.0100	0.0100							0.0005
加元	0.0100	0.0500	0.0500	0.3000	0.4000	0.4000							0.6250
英镑	0.3000	1.7500	2.3125	2.6875	3.0625	3.1250							1.0000
港币	1.0000	1.8750	2.3750	2.5000	2.6250	2.7500							1.2500
美元	1.1500	2.2500	2.7500	2.8750	3.0000	3.2500							1.3750
瑞郎	0.0500	0.1000	0.1250	0.2500	0.5000	0.5625							0.0725
澳元	0.2500	0.3000	1.2500	1.3125	1.3125	1.5000							1.5000

注：人民银行历次存款利息调整对照表

图4-19　银行储蓄存款利率查询界面

　　该储蓄存款利率，以管理员身份进行修改在"网上银行操作主界面"下，单击管理员角色进入参数设置界面。在左侧导航菜单中找到存款利率，进入存款利率管理，如图4-20所示。根据最新存款利率，分别单击不同币种，在表格中进行修改，如图4-21所示。

　　5. 修改密码

　　出于安全考虑，密码应定期修改。密码修改包括交易密码和查询密码，如图4-22所示。

图 4-20　管理员角色下存款利率管理界面

人民币

存款利率修改

活期	0.7200
一个月(整存整取)	3.3300
三个月(整存整取)	3.7800
六个月(整存整取)	4.1400
一年(整存整取)	4.6800
两年(整存整取)	5.4000
三年(整存整取)	12.0000
五年(整存整取)	1.2530
一年(零存整取)	2.3654
三年(零存整取)	3.2014
五年(零存整取)	5.0120
通知存款一天	0.8100
通知存款七天	1.3500

修改　　返回

图 4-21　人民币存款利率修改界面

图 4-22　银行交易密码和查询密码修改界面

4.4.2 转账汇款

转账汇款主要包括"同行转款""跨行转款""我的收款人"三个操作功能。

1. 我的收款人

我的收款人，主要是为了方便用户在转账时无须每次输入收款人姓名、账号等信息，预先设置好经常需要转款操作的账号。在转款时，直接选择收款人。自己的账号不能作为"我的收款人"，为了方便实验，可以自己申请其他人员的银行账号。"我的收款人"信息输入界面，如图4-23所示。

图4-23 添加"我的收款人"界面

2. 同行转账

同行转账是指不同人员账户在同一家银行内的转账业务，一般不收取手续费。同行转账提供了"单笔转账汇款""批量转账汇款""转账汇款查询""批量转账查询"等功能。"单笔转账汇款"是指单笔转账一个账户，在转账汇款页面中，需要填写收款人相关信息，如图4-24所示。已转账汇款的记录，可以在"转账汇款查询"选项卡中查阅。

图4-24 同行转账信息输入界面

如果已经在系统中设置了"我的收款人"，可以单击"自动选择收款人"，如图4-25所示。减少每次的转账输入，防止账号等信息录入错误。

"批量转账汇款"，即一次性要给几个同行账号转账，可以选定账号，批量转账。逐个录入收款人的信息，已经添加的账号会显示在"批量转账汇款列表"中，如图4-26所示。

图 4-25　自动选择收款人操作示意界面

账号输入完毕后，单击"转账"按钮继续确认即可。批量转账记录可以在"批量转账查询"选项卡中查阅。

图 4-26　批量转账汇款界面

3. 跨行转账

跨行转账是一种向开立在国内其他银行的单位或个人账户进行人民币或外币转账汇款的业务。在左侧菜单中找到"跨行转账"，进入跨行转账汇款界面，如图 4-27 所示，按照页面提示输入相应信息后提交即可。

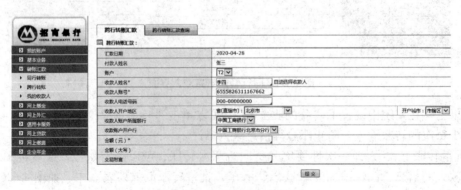

图 4-27　跨行转账汇款界面

输入交易密码，确认转账。跨行转账记录可以在"跨行转账汇款查询"选项卡中查询。

4.4.3　信用卡服务

信用卡服务功能主要提供：账户信息、账单查询、积分查询、信用卡激活、网上还款、自动还款、账单邮寄方式设定等功能。

在"网上银行操作主界面"下，选择管理员角色进入参数设置界面。在左侧导航菜单中找到信用卡参数管理，进入信用卡参数设置界面，如图 4-28 所示。

图 4-28　信用卡参数设置界面

在"网上银行操作主界面"下，单击"个人账户申请"，在左侧菜单中找到信用卡账户申请，填写信用卡申请信息，如图 4-29 所示。

图 4-29　信用卡申请信息输入界面

在个人银行主界面中，进入银行柜台，进行银行审批，如图 4-30 所示。

图 4-30　信用卡待审核列表界面

在对应的账户列表的操作一列，单击账户审核，进入审核详细页面，如图 4-31 所示，单击"审核通过"。

通过银行审批，会收到一条短信。在页面，右下角工具栏中可以看到手机图标，如图 4-32 所示。单击手机图标，可以看到短信内容，如图 4-33 所示。注：该短信为模拟短

图 4-31　信用卡审批界面

信通知，需要在相关操作后自行单击页面任务栏的手机模拟窗口中查阅。

图 4-32　页面下部任务栏中相应图标清单

图 4-33　短信内容界面

记住这张信用卡的卡号，将此信用卡添加到下挂账户中，如图 4-34 所示。

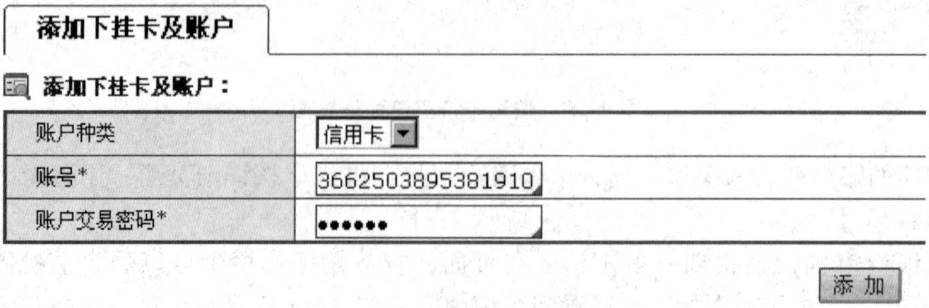

添加下挂卡及账户

📇 添加下挂卡及账户：

账户种类	信用卡 ▾
账号*	3662503895381910
账户交易密码*	●●●●●●

添 加

图 4-34　添加下挂卡及账户（信用卡）添加界面

单击"信用卡激活",填写激活信息,如图 4-35 所示,激活界面填写的信息要和注册时所填的相同,否则无法成功激活信用卡。

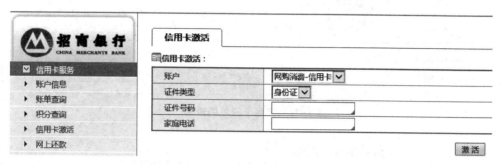

图 4-35 信用卡激活界面

信用卡还款:网上银行提供信用卡还款业务。在信用卡账户中单击"网上还款",输入还款账号、金额和交易密码,如图 4-36 所示。

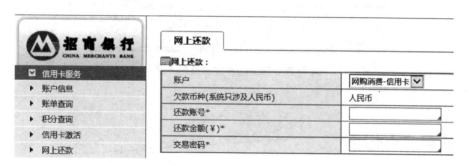

图 4-36 信用卡网上还款界面

自动还款:网上银行可以自动为用户还款,绑定还款账户,如图 4-37 所示。

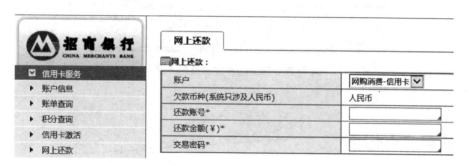

图 4-37 自动还款业务界面

账单查询,包括"未出账单查询"和"月账单查询",如图 4-38 所示。

账单邮寄方式设定:账单的邮寄方式分为纸质账单和电子账单,可选择其中一个,也可以都选,如图 4-39 所示。不同的邮寄方式,填写的方式有所区别。

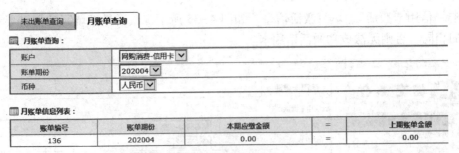

图 4-38　信用卡账单的查询

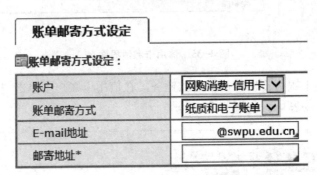

图 4-39　账单邮寄方式设定界面

4.5　支付通

【实践情景】

账号张三以及他所代表的 A 网络科技有限公司要使用网络支付平台的 B2B、B2C 以及 C2C 等网上业务。本节网络支付平台以"支付通"为例，介绍其网络支付平台的相关操作。支付通操作主界面如图 4-40 所示。支付通操作流程图如图 4-41 所示。

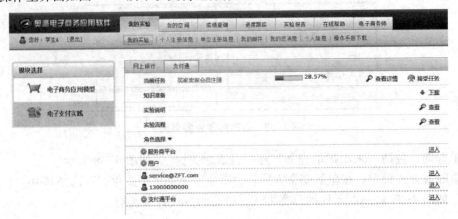

图 4-40　支付通操作主界面

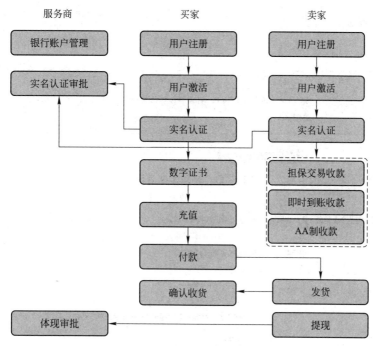

图 4-41 支付通操作流程

【实践步骤】

1. 支付通账户管理

支付通账户的注册，支持手机号码注册和 Email 注册两种方式，如图 4-42 所示。单击页面注册按钮，进入注册页面，如图 4-43 所示。

图 4-42 支付通账户注册类型的选择

账户注册时，填写手机号后，可以先试用"检查账户名是否可用"，确认该手机号码（或 Email）是否已注册。

支付通账户的用户类型，支持"个人"和"公司"两类。这里以"个人"为例进行介绍，如图 4-44 所示。

在支付通的默认首页，可以看到账户名、交易等基本信息，如图 4-45 所示。

第1步：填写账户名

❶填写账户名 → ❷设置支付通账户密码

请填写您的常用手机号码。

| *手机号码： | 13000000000 | 检查账户名是否可用 |

ⓘ 我们将向此号码发送确认信息，请仔细核对填写的手机号码是否正确

8F824 [ ] 请输入左侧图片中的校验码。

▶ 同意并确认注册

图 4-43 账户注册界面

5、填写您的个人信息（请如实填写，否则将无法正常收款或付款）

用户类型： （信息提交后将无法修改）

● 个人
以个人姓名开设支付通账户。

○ 公司
以营业执照上的公司名称开设支付通账户。开设此类账户必须拥有公司类型的银行账户。

*真实名字： [张三]

证件类型： [身份证 ▽]

*证件号码： [012345678901234567]

*手机号码： [13000000000]

联系电话： [028-00000000]

▶ 同意以下条款，并确认注册

图 4-44 账户信息输入界面

图 4-45 支付通的默认首页界面

个人信息管理。单击"我的支付通"—"我的账户"，进入账户设置页面，有个人信息、账户信息、安全信息等，如图 4-46 所示。在个人信息中可以看到详细的信息，并且可以修改和设置。修改登录名：当手机号码发生变化时，可以将登录名改为新的手机号码。联

系方式、个人头像等资料，均可以自行修改。

图 4-46　支付通我的账户信息

个人认证。个人认证是个人身份的实名认证过程，校对个人的身份信息，需要首先输入账户持有人的身份证号码和真实姓名信息，如图 4-47 所示。

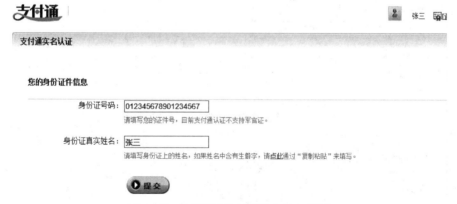

图 4-47　支付通实名认证信息输入界面

实名认证步骤中，依次填写认证信息，如银行、开户行等信息，如图 4-48 所示。

为确认账户的银行信息，需要在"支付通实验主界面"中单击进入"服务商平台"，给该账户汇款。在左侧"实名认证"—"实名认证申请"功能下可以看到待汇确认款的账户清单，如图 4-49 所示。单击拟确认的账号所在行的"汇确认款"，进入汇款页，如图 4-50 所示。

输入确认款金额，一般金额在 0~1 元之间。建议使用随机生成汇款金额，确认汇款。

支付通实名认证

填写认证信息　　确认汇款金额　　审核身份信息即完成

您的个人信息

支付通账号: 13000000000

真实姓名: 张三

证件号码: 012345678901234567(修改身份信息)

详细地址: [_____]

固定电话: [028-00000000]

手机号码: [13000000000]

您的银行账户信息-该银行账户仅用于认证您的身份,您仍可以使用其它银行账户进行充值和提现!

银行开户名: 张三

ⓘ 必须使用以张三为开户名的银行账户进行认证。

如您没有合适的银行账户,修改身份信息

开户银行名称: [中国工商银行 ▽]

开户银行所在省份: [北京市　　　　▽]

开户银行所在城市: [市辖区 ▽]

个人银行账号: [6555890183728261]

您提交后支付通会给该账户汇入一笔"确认资金",您需要正确输入这笔资金的数量才能通过认证。

▶ 提交

图 4-48　实名认证信息输入界面

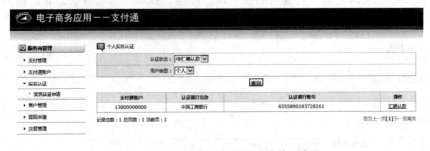

图 4-49　个人实名认证待汇确认款列表页

支付通个人账户信息

账户类型:	个人账户
账户名:	13000000000
实名认证银行名称:	中国工商银行
实名认证银行账号:	6555890183728261

真实姓名:	张三
证件号码:	012345678901234567
详细地址:	
手机号码:	13000000000
联系电话:	028-00000000

确认款金额: [0.61] 元

[随机生成确认款] [确认已汇] [返回]

服务商管理
- 支付管理
- 支付通账户
- 实名认证
  - · 实名认证申请
- 商户管理
- 提现申请
- 交易管理

图 4-50　支付通个人账户确认款输入界面

回到个人银行账户网上银行（通过网上银行操作主界面进入）。查询认证时填写的银行账户，会看到这笔汇款。回到个人支付通平台（"我的支付通"—"我的账户"—"个人认证"），输入该笔汇款金额，如图4-51所示，确定即可。

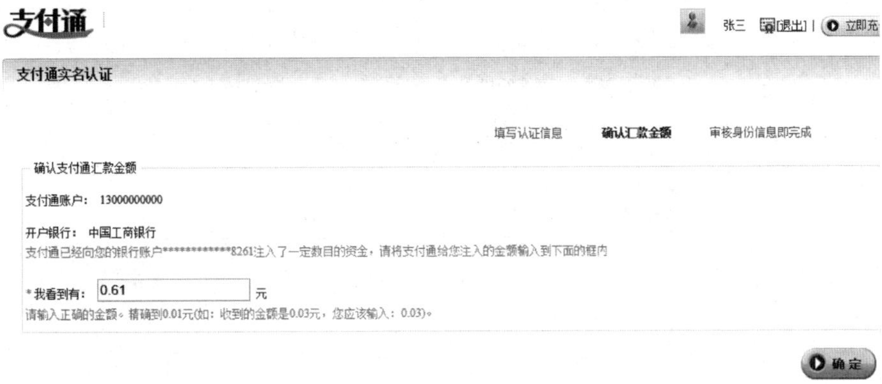

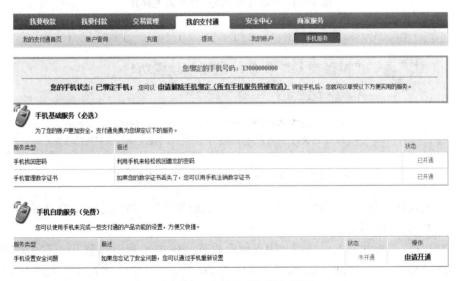

图4-51 确认汇款金额输入界面

只有当输入的金额正确时，实名认证才能成功。

手机服务。申请手机绑定账户后，可以通过手机找回遗忘的密码，还可以管理数字证书。输入要绑定的手机号。校验码在系统自动发给手机的短信中，查阅短信验证码后填写即可。申请开通手机自助服务，如图4-52所示。

图4-52 支付通手机服务界面

2. 支付通交易实现

"我要收款"主要包括"担保交易收款""即时到账收款""AA制收款"。

张三出售一台二手显示器给李四（13000000001），约定价格1200元人民币。本次交易使用支付通进行收款和付款，张三（支付通账号：13000000000）使用担保交易收款。以张三账号登录支付通系统，单击"我要收款"—"担保交易收款"，在创建担保交易界面，完成信息的录入，如图 4-53 所示。创建成功后，系统会提示，如图 4-54 所示。

| 我要收款首页 | 担保交易收款 | 即时到账收款 | AA制收款 |

创建担保交易，并通过支付通完成本次交易。

填写买家信息

您的支付通账户：13000000000

*付款方支付通账户：13000000001
账户名为Email地址或手机号码

填写商品信息

*商品或服务名称：显示器一台

*单价：1200 元

*数量：1

商品展示网址：

*商品说明：清华同方显示器一台，九成新，注意查收快递哦。

填写物流信息

*选择物流方式：快递

*选择邮费承担方：卖家承担邮费

图 4-53 担保交易收款信息输入主界面

"担保交易"收款，已经创建成功！

请随时关注交易管理中有关本交易的进展。

● 买家将会收到本交易的通知，他会根据通知提示完成本次交易。

● 如果 **15天内** 对方没有按照交易信息内容付款，本次交易将自动关闭。

图 4-54 担保交易订单创建成功提示信息界面

即时到账收款：单击"我要收款"—"即时到账收款"，在创建担保交易界面，完成信息的录入，如图 4-55 所示。

AA 制收款：多人共同支付费用，用支付通收款。单击"我要收款"—"AA 制收款"，在创建担保交易界面，完成信息的录入，如图 4-56 所示。其中收款人可以从列表中选择。

"我要付款"，主要包括"即时到账付款"和"担保交易付款"两种方式。其中"担保交易付款"需要收款方预先设置好。

进入支付通账户，在"我要付款"下可以看到需要付款的项目。对于交易，可以执行付款、查看和备注的操作。

"即时到账付款"包括"直接给亲朋好友付钱"和"向陌生人付款"。"直接给亲朋好友付钱"，需要输入收款方的支付通账户、金额等信息，如图 4-57 所示。

图 4-55　即时到账收款信息输入界面

图 4-56　AA 制收款信息输入界面

"担保交易"主要保障货款安全，购物放心。买家购物信息确认后，先付款给支付通（支付平台），然后平台通知卖家发货，买家收到货物满意后通知支付平台付款给卖家。单击"我要付款"，页面默认列出当前待支付的担保交易订单，如图 4-58 所示，单击订单付款，进入付款界面，如图 4-59 所示。

直接给"亲朋好友"付钱　返回我要付款

亲朋好友间使用即时到账付款，方便、快捷。

- 无论是给异地求学的孩子、远方打工的家人，还是熟悉却难以谋面的朋友，您都可以使用"即时到账付款"将手中的钱立即付至他手中。
- 如果您要付款的对象只是一个陌生的卖家，我们强烈推荐您使用"担保交易付款"。
- 若收款方支付通账户未通过实名认证，收款方将无法进行提现操作。

填写亲友信息

您的支付通账户：13000000000

* 收款方支付通账户：13000000001
账户名为Email地址或手机号码

对方是您的家人或好友吗? 如果不是，强烈推荐您使用担保交易付款

* 确认收款方支付通账户：13000000001

填写付款信息

* 付款原因：周六超市购物款

* 付款金额：1000　元
最多2000元。

* 备注：周末了，出去游游吧

图 4-57　我要付款下直接给亲朋好友付钱

行为	商品名称	金额（元）	交易对方	交易状态	可执行操作	备注
买入	显示器一台	1200.00	张三	等待买家付款	付款 查看	

记录总数：1 总页数：1 当前页：1　　　首页上一页[1]下一页尾页

图 4-58　待付款订单列表界面

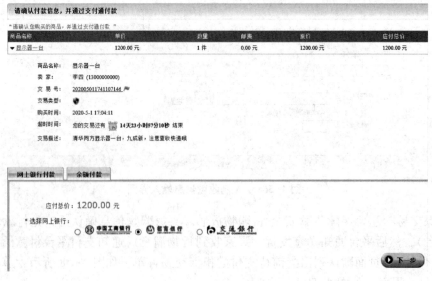

图 4-59　订单付款界面

第5章　B2B电子商务综合实践

【实践情景】

B2B 电子商务综合实践（以下简称"B2B 实践"），模拟两家企业之间的电子商务交易。成都 A 网络科技公司（以下简称 A 公司）需要采购一批笔记本电脑，在 B2B 网站上查找相应的供应信息，检索到成都 D 科技公司（以下简称 D 公司）有一批笔记本电脑在出售。A 公司在了解产品详细信息和价格后，决定购买该批笔记本电脑。

B2B 实践主界面如图 5-1 所示。B2B 实践流程如图 5-2 所示。

图 5-1　B2B 实践主界面

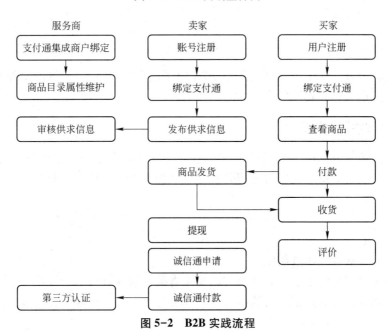

图 5-2　B2B 实践流程

【实验数据】

本章涉及的公司账号及支付通等信息，如表 5-1 所示。

表 5-1　B2B 实践实验数据表

账户类型	名称账号	支付通账号	备注
服务商	WEBSITE	13000001000	"B2B 购物平台"服务商，需开通"商家服务"，开通企业付款通道
采购商	张三（threebuyer）	13000000000	A 公司，公司注册地址等信息自拟
供应商	李四（fourseller）	13000000001	D 公司，公司注册地址等信息自拟

B2B 出售的产品信息数据，如表 5-2 所示。

表 5-2　商品信息数据表

产品名称	型号	价格	CPU	内存	硬盘	屏幕尺寸	操作系统
品牌笔记本	P1	4999	i5-2450M	4GB	1T	14 寸	Windows 10

5.1　实验基础信息

5.1.1　实验类别

本实验建议设置为验证或综合性实验。

5.1.2　实验学时

本实验建议安排 4 学时。

5.1.3　实验目的

通过本实验项目，学生更深刻地理解 B2B 电子商务的基本概念和相关理论，掌握 B2B 电子商务基本操作流程和具体的操作方法。

5.1.4　实验软硬件及耗材准备

仪器设备：接入 Internet 的主流服务器一台，主流微机若干台，打印机一台。
软件：南京奥派信息产业股份公司开发的"奥派电子商务应用软件"。
消耗材料：打印纸。

5.1.5　实验要求

（1）遵守实验室各项规章制度。
（2）考核根据实验课上表现和实验完成及报告撰写情况进行综合评定。
（3）要按规定格式认真撰写实验报告（打印或手写）。不要更改实验报告模板。实验报

告需提交打印版和电子版，电子版文件以"学号-姓名-实验名称"形式命名，如
"20210010001-张三-网络商务信息检索与分析实验"。

（4）实验报告正文用宋体、小四号字，1.25 倍行距，标准字间距。

（5）学生要独立完成实验，进入"奥派电子商务应用软件"需注册并登录，注册名用
自己学号或姓名，实验报告中每个关键步骤均要有显示自己学号或姓名的截图。

5.2　教师准备工作

任课老师或实验指导教师需要做好以下工作。

（1）任课老师或实验指导教师在实验开始前需根据学校教务系统确认的选课名单核对实
验系统学生名单。

（2）任课老师或实验指导教师在实验开始前，要提前将本次实验项目通过课程微信公众
号、网络课堂、QQ 群或微信群等方式告知选课学生。

（3）任课老师或实验指导教师在实验开始前要对"奥派电子商务应用软件"进行必要
的系统设置，以便学生顺利进行实验。

（4）任课老师或实验指导教师在实验过程中要随时指导学生，确保实验顺利完成。

5.3　学生实验步骤

学生需要做好以下工作。

（1）在学校教务实验系统中确认自己已经选课成功。

（2）实验开始前通过课程微信公众号、网络课堂、QQ 群或微信群等方式了解本次实验
项目。

（3）按照实验要求按时完成本次实验，并按照规定格式要求提交实验报告。

5.4　基市业务

1. 服务商

服务商是指"B2B 购物平台"的建设和运营服务商，其提供 B2B 交易的电子商务平台。
A 公司和 D 公司在此平台上进行电子商务交易。在"B2B 实践"主界面中，选择服务商平台
角色，单击进入。在 B2B 平台的服务商支付通账户管理中，选择支付通账号，进行绑定
操作，如图 5-3 所示。

绑定服务商账户，这里所要用到的数据就是之前申请商家服务时给出的数据。单击
"确定"，就绑定成功了。

如果绑定支付通账号时未出现集成商户编号，则需要在支付通中开通商家服务。支付通
中已开通商家服务，功能界面如图 5-4 所示。

图 5-3　支付通账号绑定

图 5-4　支付通中商家开通服务界面

2. 采购商和供应商注册

在"B2B 实践"主界面中，单击进入"B2B 平台"，进入 B2B 购物平台首页，如图 5-5 所示。在该平台注册采购商的账号（姓名：张三，账号：threebuyer）。单击首页右上角"免费注册"链接，进入免费注册信息输入页面，如图 5-6 所示。

图 5-5　B2B 购物平台主界面

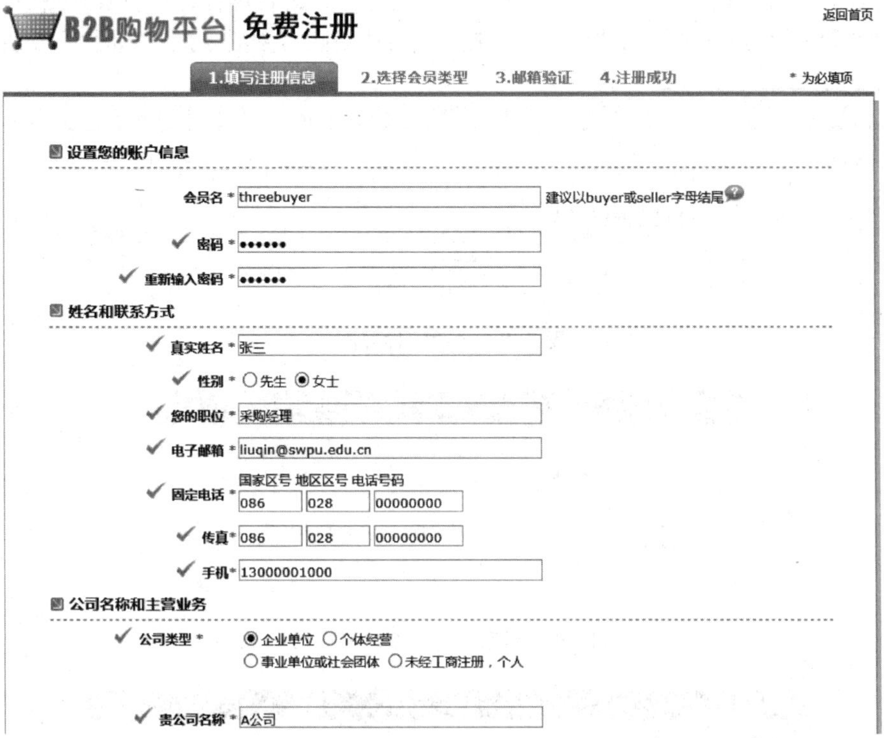

图 5-6　B2B 购物平台免费注册信息录入界面

　　填写注册信息，确认信息填写无误之后，勾选"接受服务协议"，同意服务条款，提交注册信息。注册信息保存成功后，如图 5-7 所示，进入第二步"选择会员类型"，选择采购商。

图 5-7　注册信息保存成功提示界面

提交成功后，到邮箱里进行激活。在页面任务栏中单击邮件图标，可以看到系统发送的激活邮件，如图 5-9 所示。单击邮件标题，在邮件内容中有账号激活链接，如图 5-10 所示。

图 5-8　激活邮件界面

图 5-9　激活邮件详细内容界面

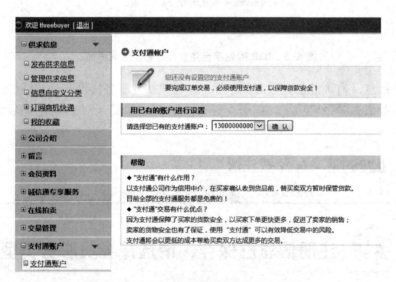

图 5-10　采购商支付通账号的绑定设置界面

至此，采购商账号注册完毕。接下来，完成采购商（买家）支付通账号的绑定。

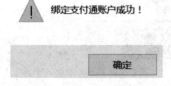

图 5-11　绑定成功的提示信息

在 B2B 实践主界面中选择买家角色（刚才注册的账号），进入 B2B 购物平台首页。单击右上方"发布信息"按钮。系统跳转至支付通绑定，单击进行设置，选择或输入支付通账号，然后单击确定，在新跳出来的支付通登录窗口中输入支付通的账号和密码（采购商），完成账户的绑定，绑定成功后系统会提示"绑定支付通账户成功!"，如图 5-11 所示。

回到 B2B 购物平台管理后台，显示绑定的信息，如图 5-12 所示。

"李四"作为 D 公司经办人来注册供应商账号（账号：fourseller），并完成支付通账户的绑定激活，操作步骤与采购商注册、支付通绑定操作类似。

支付通账户信息		
您的支付通账户	状态	您可以
13000000000	已激活	登录支付通 取消绑定

图 5-12　已绑定支付通账户的采购商支付通账户界面

3. 目录及属性

在 B2B 实践主界面，选择服务商平台角色进入，在"目录管理"下对目录信息进行添加，选择"目录信息添加"，如图 5-13 所示。逐级目录添加"数码、电脑"—"笔记本电脑"—"笔记本电脑"，如果系统中已有这些目录名称，则可以使用其他名称，自行练习。

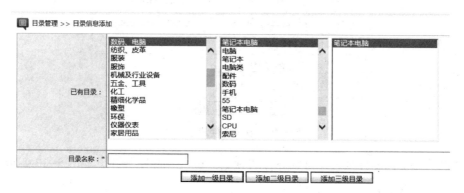

图 5-13　商城目录信息添加界面

如需要对已经存在的目录进行修改，使用"目录管理"—"目录信息维护"功能对已有的目录进行修改，如图 5-14 所示。

图 5-14　目录信息维护界面

商品属性维护是指给商品添加属性，以便供应商可以更好地描述出售的商品。对于目录的属性也可以维护，对"笔记本电脑"进行维护，单击"添加目录属性"，如图 5-15 所示。

填写好属性信息之后，再单击"添加目录属性"，完成商品属性的维护，如图 5-16 所示。

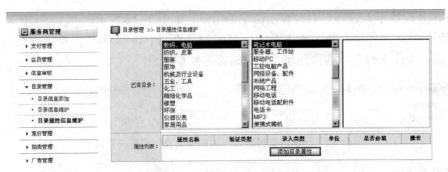

图 5-15　目录属性维护界面

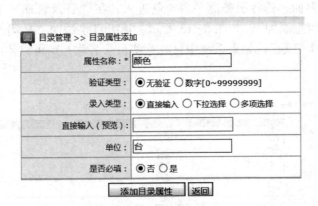

图 5-16　目录属性添加界面

对于已经添加的属性列表，可以进行"预览"或"删除"操作，如图 5-17 所示。

图 5-17　目录属性信息维护界面

 ## 5.5　B2B 交易过程

1. 供应商商品发布和维护

供应商发布商品，主要是指 D 公司李四作为供应商经办人，在 B2B 购物平台发布产品信息。在平台首页，单击右上角"发布信息"，进入发布供求信息引导页。首先选择供求信息的发布类型，如图 5-18 所示。

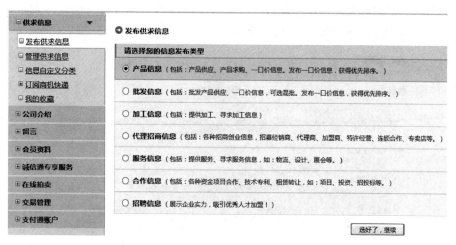

图 5-18　发布供求信息选择发布类型界面

选择"产品信息"，单击"选好了，继续"按钮，进入填写基本信息界面，如图 5-9 所示。在填写基本信息界面中，填写名称，选择对应的商品所属类目，如图 5-19 所示。

发布供求信息

❶ 填写基本信息 >　　❷ 填写详细信息 >　　❸ 发布成功

重要提醒：请务必确认您所发布的信息真实、合法、准确、及时，未侵犯他人合法权利，以免导致不必要的纠纷

提示：带 * 为必填项

✔ 信息类型：*	◉ 供应 ○ 求购 ○ 紧急求购
✔ 名称：*	品牌笔记本
	产品名称中请勿出现规格、型号、品牌等内容.

| ✔ 所属类目：* | 数码、电脑 | 笔记本电脑 | 笔记本电脑 |

数码、电脑
纺织、皮革
服装
服饰
机械及行业设备
五金、工具
化工
精细化学品
橡塑
环保
仪器仪表
家居用品
家用电器
建筑、建材

笔记本电脑
电脑
笔记本
电脑类
配件
数码
手机
55
笔记本电脑
SD
CPU
索尼
三星
cpu

笔记本电脑

您当前选择的类目：数码、电脑 > 笔记本电脑 > 笔记本电脑

选好了，继续

图 5-19　发布供求信息填写基本信息界面

依次填写基本信息、详细信息（如图 5-20 所示），并确认发布，系统会提示发布成功，如图 5-21 所示。页面数据可参照实验数据，未提及其他信息可以自行决定。发布成功后的信息，需要平台服务商审核才能在平台上显示。

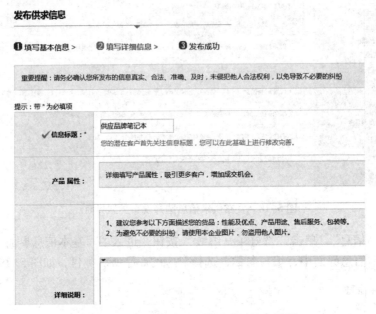

图 5-20　发布供求信息填写详细信息界面

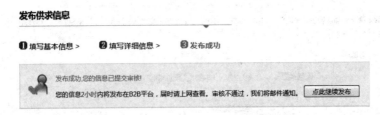

图 5-21　发布供求信息发布成功提示界面

对于已经提交的供求信息，可以在"管理供求信息"中进行修改。如图 5-22 所示。

图 5-22　管理供求信息界面

已发布的信息，修改后需要重新进行审核。

切换商城服务商用户，在"B2B 实践"主界面中，选择服务商平台角色，单击进入。单击"服务商管理"—"信息审核"—"供求信息审核"，可以看到待审核的供求信息列表（如图 5-23 所示）。如果服务商认为信息描述真实准确，就单击"通过"发布；单击"不通过"，则让用户修改完善供求信息。

图 5-23　供应信息审核列表界面

服务商审核通过后，用户发布的供应信息在 B2B 购物平台上对应商品分类栏目可以浏览，如图 5-24 所示。

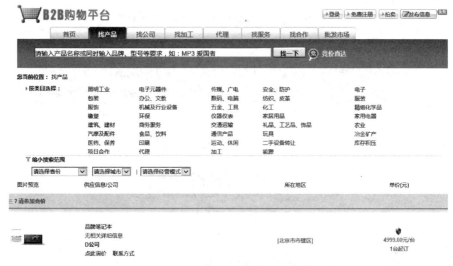

图 5-24　已审核发布的供求信息列表界面

2. 诚信通服务

B2B 购物平台上供应商申请诚信通服务后，可以更好地展示供应商的店铺和产品信息，提高线上交易的成交率。在 B2B 实践主界面，以李四角色（fourseller）B2B 购物平台为例。供应商（卖家）登录 B2B 购物平台买家后台，单击"诚信通专项服务"—"诚信通档案"，可以看到诚信通服务相关信息。如果诚信通档案页面显示申请单，则该商户尚未申请。此时填写相应资料，单击"确认提交"，提交诚信通申请，如图 5-25 所示。

然后填写相应资料，提交后，页面会提示提交成功，如图 5-26 所示。诚信通的申请需要交纳费用，该费用是供应商（商户）支付给 B2B 购物平台服务商的。单击网上支付，进入支付界面，完成付款过程，如图 5-27 所示。

供应商付款成功后，需要第三方验证。

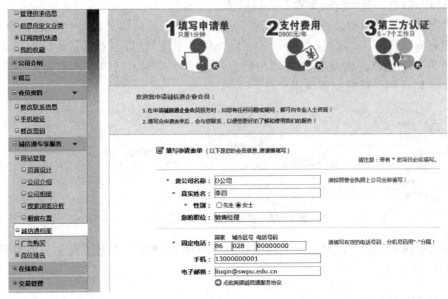

图 5-25 诚信通专项服务申请信息录入界面

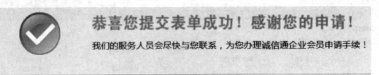

图 5-26 诚信通申请提交界面

切换用户，在 B2B 实践主界面中，进入"第三方认证"页面，如图 5-28 所示。查看认证申请人信息，单击"认证"，即通过认证，如图 5-29 所示。

3. 供应商店铺及资料管理

供应商店铺及资料管理主要提供了店铺页面设计、logo、公司简介、公司新闻等信息的维护。页面设计：可以对供应商的店铺页面进行风格的选择（如图 5-30 所示）和 logo 的上传。"风格设计"标签下，系统提供了四种色调的风格模板供用户选择，选择所要的模板即可。在"当前 logo"标签下，更换网站的 logo 和 banner。公司介绍、公司的新闻等可以自行添加和修改。

图 5-27　诚信通专项服务支付界面

图 5-28　第三方认证列表界面

认证申请人信息	
认证人姓名：	李四
性　　别：	女
部　　门：	市场推广部
职　　位：	销售经理
电　　话：	086-028-00000000
手　　机：	13000000001
Email：	liuqin@swpu.edu.cn
企业认证申请信息	
公司名称：	D公司
注册号：	618bacc6-358d-4f9a-8cec-ec5387f3d896
注册地址：	新都大道8号附2号
法定代表人：	李四
注册资本：	1000万
企业类型：	企业单位
成立时间：	1999-01-05
营业期限：	自1999-01-05
经营范围：	
登记机关：	工商管理局
最近年检时间：	2020年

认 证 | 返 回

图 5-29　认证申请人信息查阅界面

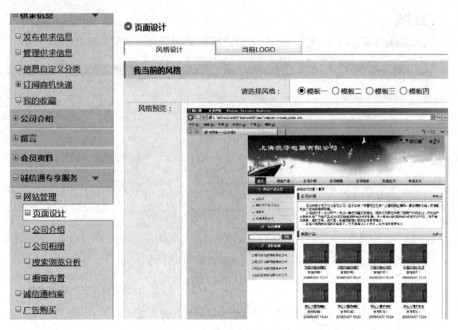

图 5-30　店铺网页设计风格选择界面

搜索浏览分析：对于本公司产品被搜索关注的情况，可以在此查阅，如图 5-31 所示。

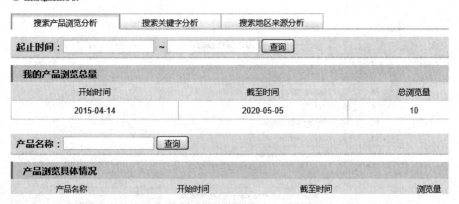

图 5-31　店铺搜索浏览分析界面

橱窗布置：主要供店铺更好地展示推荐的产品信息，如图 5-32 所示。可以自行在橱窗中添加拟推荐的产品，对重点和热销产品进一步宣传，提高店铺和产品的曝光率。

供应商管理诚信通档案，可以看到公司的身份认证信息、交易至今的客户评价、资讯参考、诚信通指数。主要包括企业身份认证、证书及荣誉、客户评价、咨讯参考、资信参考人、诚信通指数等功能。其中企业身份认证界面，如图 5-33 所示。

可以添加本公司的证书及荣誉（如图 5-34 所示）、资信参考人。添加这些资料，可以增加公司的信誉度。

● 橱窗布置

橱窗布置

使用说明：

1、您要先去发布商业信息。如果您已经发布了商业信息，那么在布置橱窗之前，首先要给橱窗一个定位。
2、"产品橱窗"的标题并不是一层不变的，而是要随着销售策略以及当季主营产品的不同不断改变的。随时可以更新，非常方便。
3、点击"橱窗布置"，修改橱窗标题，然后点击"推荐产品"按钮，选中要推荐的商业信息添加到橱窗中即可。最多可以推荐16条商业信息，
超过8条将滚动展示，更形象动态吸引买家眼球！

橱窗当前标题:笔记本系列

| 修改橱窗标题： | 笔记本系列 | 修改 |

橱窗产品列表				
全选	产品图片	产品名称	是否过期	发布时间
☐		品牌笔记本	未过期	2020-5-5 13:04:34

添加　删除

图 5-32　橱窗布置界面

● 诚信通档案

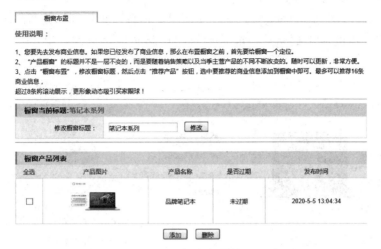

图 5-33　企业身份认证界面

添加证书及荣誉	
证书类别：	产品类证书 ▼
证书名称：	诚信联盟证书
证书图片：	C:\Users\Administrator\D　浏览…
图片预览：	
发证机构：	科技局
生效日期：	2009-09-08
截止日期：	2020-09-02

修改　返回

图 5-34　证书及荣誉信息添加界面

4. 采购商和供应商交易过程

A公司（张三，账号 threebuyer）在"最近供应信息"里仔细浏览商品之后，对这批笔记本电脑的参数和价格比较满意，准备购置。在商品信息页面，单击"点此订购"，如图5-35所示。

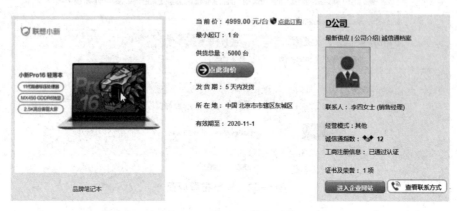

图5-35　商品详情介绍页

填写需要购买的数量，核对货物总价，输入页面检验码，如图5-36所示，单击"确认订购"。页面会提示订单提交成功，如图5-37所示。

图5-36　商品订购确认界面

提交订单之后，就要等待卖家（D公司）补充运费。

切换用户，以供应商李四角色（fourseller）操作。选择"交易管理"—"我是卖家"，找到订单，如图5-38所示，单击"补充运费"。

卖家补充运费，这里直接以卖家承担运费，如图5-39所示。

切换用户，以采购商张三角色（threebuyer）操作。进入张三的账户，选择"交易管理"—"我是买家"，找到订单信息，如图5-40所示，进行付款。

图 5-37　商品订单成功界面

图 5-38　交易管理买家订单列表界面

卖家补充运费

卖家： D公司		**买家：** A公司
联系人：李四 女士		联系人：张三 女士
联系电话：086-028-00000000		联系电话：086-028-000000
手机：13000000001		手机：13000000000

货品总价：	99980.00元(不含运费)
运费承担方：	○买家承担运费　●卖家承担运费
优惠：	100　元 (如果给买家便宜100元，即输入"100")
交易金额：	99980.00元

确认提交

图 5-39　买家补充运费信息界面

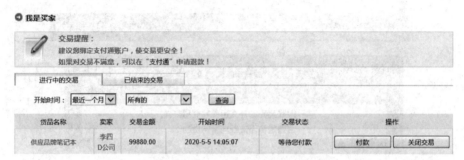

图 5-40　我是买家订单信息列表界面

单击"付款"后，在支付通登录界面中输入买家（张三）的支付通信息登录，到订单支付确认界面，如图 5-41 所示，并完成订单的支付。付款成功后，该订单的交易状态会切换为"等待卖家发货"，如图 5-42 所示。

图 5-41　买家订单支付界面

图 5-42　我是买家订单信息界面

切换用户，以供应商李四角色（fourseller）操作，找到订单，如图 5-43 所示，进行发货操作。

图 5-43　待发货的订单信息列表界面

单击"发货"后，在确认发货信息界面，填写物流方面的相关信息，如图 5-44 所示，单击"确定"。

请确认发货信息，以此更新交易状态

品名称	单价	数量	邮费	原价	应付总价
供应品牌笔记本	4999.00 元	20 件	100.00 元	99980.00 元	99980.00 元

选择物流

　物流方式：[EMS ▽]

　　注意：请选择实际发货的物流方式

确认发货

　*承运公司名称：[中国邮政]

　*承运单号码：[EMS000]

▶ 确定

图 5-44　发货信息录入界面

切换用户，以采购商张三角色（threebuyer）操作。进入张三的账户，找到订单，如图 5-45 所示，输入支付密码确认收货，如图 5-46 所示，这样卖家才能获得这笔钱。这是一个确保买卖双方安全交易的过程。

货品名称	卖家	交易金额	开始时间	交易状态	操作
供应品牌笔记本	李四 D公司	99880.00	2020-5-5 14:05:07	等待您确认收货	确认收货

图 5-45　待确认收货界面

请确认发货信息，以此更新交易状态

品名称	单价	数量	邮费	原价	应付总价
▸ 供应品牌笔记本	4999.00 元	20 件	100.00 元	99980.00 元	99980.00 元

重要提示

　　这是一笔支付通担保交易，根据支付通交易规则，请在15内确认收货，否则交易将自动关闭。

　　注意：请在确认收货时注意核对卖家送达的商品是否与购买的一致，如果不一致可申请退款。

确认收货

　承运公司名称：中国邮政

　承运单号码：EMS000

　*输入支付密码：[••••••]

▶ 确认收货

图 5-46　确认收货界面

全此，双方交易过程完成。

交易评价，买卖双方都可以给对方评价。单击"交易管理"—"我是买家"，选择"已结束的交易"选项卡，单击"评价"，如图 5-47 所示。在评价信息录入界面，可以对订单交易过程中的感受、产品意见等信息进行描述，如图 5-48 所示，之后单击"提交评价"，完成交易过程的评价。

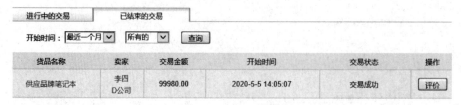

图 5-47　已结束的交易界面

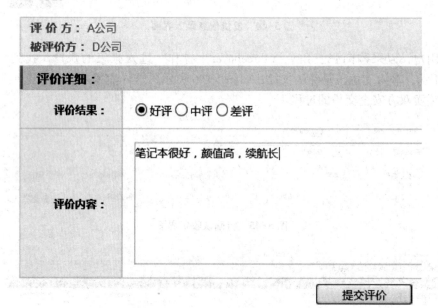

图 5-48　交易过程的评价信息录入界面

第6章 B2C电子商务综合实践

【实践情景】

B2C电子商务综合实践（以下简称"B2C实践"），模拟企业和个人之间的电子商务交易。飞购校园B2C平台发布了一批私人定制商品（以U盘为例），李四四作为消费者在浏览飞购校园购物平台时看到此款商品，比较符合购买意向，决定下单并支付，最终完成了购买交易过程。

B2C实践主界面如图6-1所示。B2C实践流程如图6-2所示。

图6-1 B2C实践主界面

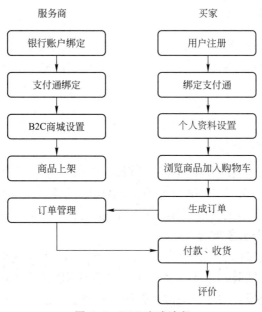

图6-2 B2C实践流程

【实验数据】

本章涉及的公司、个人账号及支付通信息，如表 6-1 所示。

表 6-1 B2C 实践实验数据表

账户类型	名称	支付通账号	备注
服务商	WEBSITE	13000001000	商城服务商，绑定支付通账号，开通企业付款通道
个人	李四四	13000000001	绑定支付通，开通个人网上银行账号

6.1 实验基础信息

6.1.1 实验类别

本实验建议设置为验证或综合性实验。

6.1.2 实验学时

本实验建议安排 4 学时。

6.1.3 实验目的

通过本实验项目，学生更深刻地理解 B2C 电子商务的基本概念和相关理论，掌握 B2C 电子商务基本操作流程和具体的操作方法。

6.1.4 实验软硬件及耗材准备

仪器设备：接入 Internet 的主流服务器一台，主流微机若干台，打印机一台。
软件：南京奥派信息产业股份公司开发的"奥派电子商务应用软件"。
消耗材料：打印纸。

6.1.5 实验要求

（1）遵守实验室各项规章制度。
（2）考核根据实验课上表现和实验完成及报告撰写情况进行综合评定。
（3）要按规定格式认真撰写实验报告（打印或手写）。不要更改实验报告模板。实验报告需提交打印版和电子版，电子版文件以"学号-姓名-实验名称"形式命名，如"20210010001-张三-网络商务信息检索与分析实验"。
（4）实验报告正文用宋体、小四号字，1.25 倍行距，标准字间距。
（5）学生要独立完成实验，进入"奥派电子商务应用软件"需注册并登录，注册名用自己的学号或姓名，实验报告中每个关键步骤均要有显示自己学号或姓名的截图。

6.2   教师准备工作

任课老师或实验指导教师需要做好以下工作。

（1）任课老师或实验指导教师在实验开始前需根据学校教务系统确认的选课名单核对实验系统学生名单。

（2）任课老师或实验指导教师在实验开始前，要提前将本次实验项目通过课程微信公众号、网络课堂、QQ 群或微信群等方式告知选课学生。

（3）任课老师或实验指导教师在实验开始前要对"奥派电子商务应用软件"进行必要的系统设置，以便学生顺利进行实验。

（4）任课老师或实验指导教师在实验过程中要随时指导学生，确保实验顺利完成。

6.3   学生实验步骤

学生需要做好以下工作。

（1）在学校教务实验系统中确认自已已经选课成功。

（2）实验开始前通过课程微信公众号、网络课堂、QQ 群或微信群等方式了解本次实验项目。

（3）按照实验要求按时完成本次实验，并按照规定格式要求提交实验报告。

6.4   基本操作

1. 服务商管理

服务商是指"飞购校园"B2C 平台的建设和运营服务商，其提供 B2C 交易的电子商务平台。企业和个人在此平台上进行电子商务交易。在"B2B 实践"主界面中，选择服务商平台角色，单击进入飞购校园综合设置，在左侧菜单中单击"支付通账户管理"，完成支付通账户的绑定操作。服务商的支付通账户，需开通商家服务功能。开通后，在选择支付通账号时，即可查看商户编号以及商户密钥信息，如图 6-3 所示。

银行账户管理，在"综合管理"下选择"银行账户管理"，单击"添加"。添加银行账户，输入账号等相关信息，如图 6-4 所示，单击"保存"（银行商户编号在进入企业网上银行时可见；该处添加的企业银行账户，需要已开通企业付款通道）。

2. 消费者注册

在 B2C 实践主界面，直接选择 B2C 平台，单击进入，然后在平台首页顶部单击"注册"，进入消费者注册界面，如图 6-5 所示。

注册成功后，系统将自动转入个人信息完善界面，填写个人信息，完成个人信息的修改完善，如图 6-6 所示。

▶ 当前位置：综合管理 > 支付通账户管理

☑ 支付通账户管理

支付通账号[*]：	○ 13000000000	
	○ 13000000001	
	● 13000001000	
商户编号[*]：	5913	[合作者身份（partnerID）]
商户密钥[*]：	044nlz4b6r0x2222t08rjx44r66nft6z	[交易安全校验码（key）]
注：支付通账户必须开通网站集成支付通功能：	如何开通网站集成支付通功能？	

保存

图 6-3　支付通账号绑定

▶ 当前位置：综合管理 > 银行账户管理

☐ 银行账户添加

银行名称[*]：	招商银行 ▼
银行帐号[*]：	● 6555868047719584
申请企业名称[*]：	支付通网络科技公司
银行商户编号[*]：	3435
提醒：	[银行账户需要开通企业付款通道功能] 如何开通企业付款通道功能？

保存　　返回

图 6-4　银行账户添加界面

您好，欢迎来飞购！登录|注册 找回密码　🛒购物车中有**0**件商品

飞购校园
Feigou campus

首页

要购物　上飞购

[　　　　　　　　　] 搜索商品　热门搜索

👤 **注册新用户**

请填写您的Email地址： [　　　　　　]

请设定密码（至少6位）： [　　　　　　]

请再次输入设定密码（至少6位）： [　　　　　　]

请输入验证码： [　　] **9 2 08** 看不清，换一张

完成注册

图 6-5　消费者注册界面

图6-6 个人信息完善界面

绑定支付通，从 B2C 实践主界面，以注册的消费者账号进入飞购校园平台，进行账户管理（单击页面顶部已登录的账号名称，即可进入）。在左侧"账户管理"—"绑定支付通"功能下，进行"支付通绑定"操作，如图6-7所示。

图6-7 支付通绑定信息界面

单击绑定，跳转到支付通登录界面，输入绑定的支付通账号等信息，单击"登录"，完成支付通账户的绑定操作。

 ## 6.5 服务商管理

1. 综合管理

送货时间设置，在"综合管理"—"送货时间设置"页面中，单击"添加"。选择送货开始和结束时间点，单击"保存"。已发布的送货时间，会在页面中显示，如图6-8所示。

▶ 当前位置：综合管理 > 送货时间设置

▦ 送货时间列表

全选	送货开始时间	送货结束时间	发布	操作
☐	08:00	22:00	是	编辑

记录总数：1 总页数：1 当前页：1 　　　　　　　　　　　　　　首页 上一页 **[1]** 下一页 尾页

添加　删除

图6-8　商城送货时间设置界面

关键词设置，在"综合管理"—"关键词设置"页面中，输入关键词名称，单击"添加为关键词"即可，如图6-9所示。也可以利用商城的搜索词作为关键词，单击"从搜索列表中添加"，在搜索词列表中，选择相应关键词所在行，单击"设为关键词"，如图6-10所示。

▶ 当前位置：综合管理 > 关键词设置

关键词名称：[　　　　　　] 添加为关键词

▦ 关键词列表

全选	关键词名称	排序	点击搜索次数	显示
		暂无关键词信息		

记录总数：0 总页数：1 当前页：1 　　　　　　　　　　　　　　首页 上一页 **[1]** 下一页 尾页

从搜索列表中添加　删除

图6-9　关键词设置界面

▶ 当前位置：综合管理 > 关键词设置

开始日期：[　　　　　] 结束日期：[　　　　　] 查询

▦ 搜索词列表

关键词名称	搜索次数	操作
U盘	1	设为关键词
笔记本	1	设为关键词
连衣裙	1	设为关键词

图6-10　搜索词设为关键词界面

功能设置，在"综合管理"—"功能设置"页面中，填写功能信息，如图6-11所示。当选择会员注册赠送积分时，还需填写赠送的积分数。参考图6-11中的数据，设置相关参数。

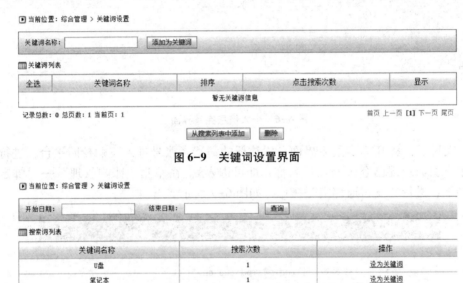

图6-11　功能设置界面

新闻栏目管理、公告管理、公告栏目、广告管理、短信设置、网站信息设置、网站帮助等均可自由熟悉相关操作。

2. 商品管理

在“商品管理”—“商品类型”中，添加电脑耗材，如图 6-12 所示。在“电脑耗材”下再添加“U 盘”类别，如图 6-13 所示。

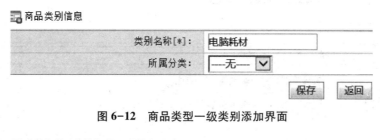

图 6-12　商品类型一级类别添加界面

图 6-13　商品类型二级类别添加界面

商品类型：在“商品管理”下选择“商品类型”，可以添加商品类型。针对商品分类，还可以进行“编辑、删除、查看商品、转移商品”的操作，如图 6-14 所示。

分类名称	排序	添加子类	操作
电脑耗材	↑ ↓	添加	编辑 删除 查看商品 转移商品
└U盘	↑ ↓	添加	编辑 删除 查看商品 转移商品

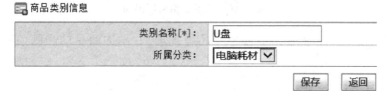

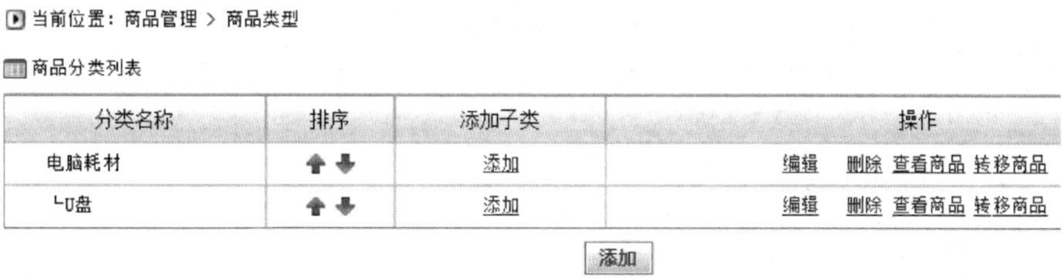

图 6-14　商品分类列表信息界面

商品属性管理：在“商品管理”下选择“商品属性管理”，单击商品分类列表中，添加属性下的“添加”，如图 6-15 所示。

分类名称	属性个数	标签个数	添加属性	添加标签
电脑耗材				
└U盘	0	0	添加	添加

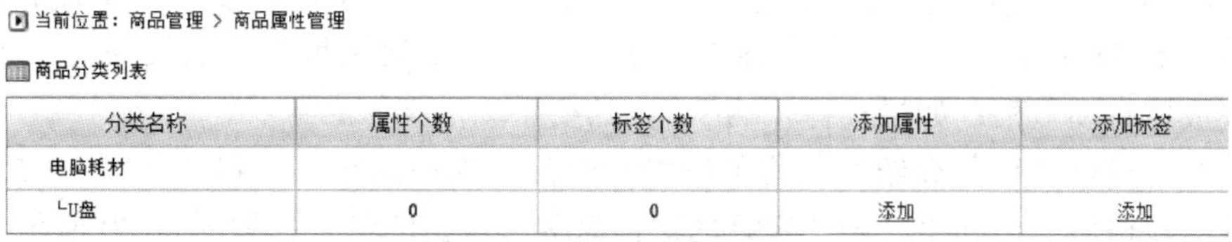

图 6-15　商品属性管理列表界面

添加属性：数量、容量。添加产品标签信息，单击保存。在产品详情页面介绍中，可以在选项卡下展示更多的产品信息，以便用户进一步了解商品相关信息，提高商品的成交率。

商品规格管理：在"商品管理"下选择"商品规格管理"，单击"添加"。编辑规格名称，单击"保存并添加规格值"，如图 6-16 所示。

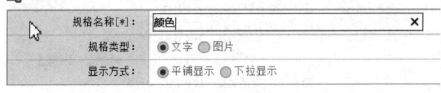

图 6-16　商品规格管理界面

品牌管理：在"商品管理"下选择"品牌管理"，添加商品的品牌信息，如图 6-17 所示。

图 6-17　商品品牌管理界面

已经添加的品牌，可以对其进行排序、编辑或者删除的操作。

商品添加：在"商品管理"下选择"商品添加"，在"基本信息"下编辑商品的基本信息，如图 6-18 所示，单击"保存并下一步"。"是否上架销售"中如果选择"是"，则商品添加完成后自动上架；如果选择"否"，则需要手动上架。

接下来，进行"商品介绍"内容的编辑，以及"规格选择"内容（如图 6-19 所示）。

选择好规格后，会列出已经选定好的规格名称、规格值信息，如图 6-20 所示。

▶当前位置：商品管理 ＞ 商品添加

| 基本信息 | 商品介绍 | 规格选择 | 商品图片 | 相关商品 |

基本信息

商品名称[*]：	上新，可刻姓名，16G高速U盘
所属分类[*]：	└U盘 ▼
商品编号[*]：	DIY2101
品牌：	无 ▼
计量单位[*]：	个
库存[*]：	2000
是否上架销售：	○否 ◉是
市场价(元)[*]：	50
折扣价(元)[*]：	10
商品关键词：	U盘，私人定制
商品条码：	

图 6-18　商品添加基本信息界面

▶当前位置：商品管理 ＞ 商品添加

| 基本信息 | 商品介绍 | 规格选择 | 商品图片 | 相关商品 |

规格添加

| 选择规格 |

规格名称	规格值
暂无商品类别信息	

上一步　保存并下一步　返回商品列表页

图 6-19　商品添加规格选择界面

▶当前位置：商品管理 ＞ 商品添加

| 基本信息 | 商品介绍 | 规格选择 | 商品图片 | 相关商品 |

规格添加

| 选择规格 |

规格名称	规格值	操作
颜色	白色,黑色,花色	删除

上一步　保存并下一步　返回商品列表页

图 6-20　规格选择完成信息列表界面

选择系统中已录入的相应规格下的规格值，如图 6-21 所示，已经添加的规格可以单击"删除"功能进行删除。

选择图片类型，上传商品对应的图片，如图 6-22 所示，保存提交。图片支持 PNG、

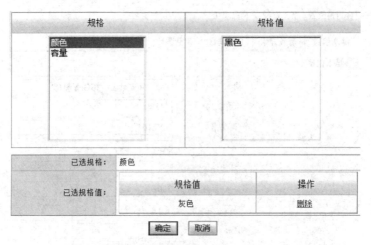

图 6-21 商品添加规格选择添加确认界面

JPG 等常见的图片格式，图片大小不宜超过 1M。

图 6-22 商品添加商品图片上传界面

商品维护：在"商品管理"下选择"商品管理"，可以对已经录入平台的商品信息进行维护管理，如图 6-23 所示。单击列表后的"编辑"，可以对商品信息进行修改。选中商品，单击列表下方的"删除"，可以将该条商品信息删除。选中商品，单击列表下方的"上架"按钮对商品进行商家操作。单击"下架"，可以将已上架的商品下架，此时商品在店铺中不再显示。

图 6-23　商品信息的维护管理界面

　　主题管理：在"商品管理"下选择"主题管理"，可以添加主题信息，如图 6-24 所示。可以在已有主题下添加商品，如图 6-25 所示，以便用户在单击主题时，自动筛选该主题下的全部商品。

▶ 当前位置：商品管理 > 主题管理

▦ 主题信息

主题名称[*]：	电脑外设
排序[*]：	1
启用：	☑
描述：	

保存并添加主题商品　　返回

图 6-24　商品主题管理界面

图 6-25　主题下的商品列表界面

　　已添加的主题在 B2C 网站首页显示如图 6-26 所示，单击该主题即可链接到我们添加的商品上。

　　库存管理，在"商品管理"下选择"库存管理"，当商品库存有所添加时，可以在这里进行设置，也可设置每种商品的预警值，如图 6-27 所示，当达到预警值时，该商品在商品列表中的排序将会提前。

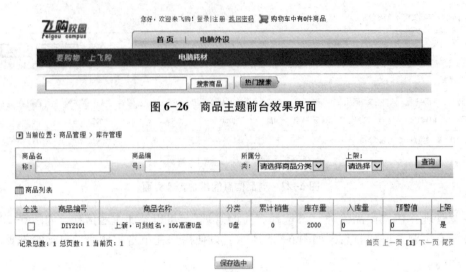

图 6-26　商品主题前台效果界面

图 6-27　库存管理界面

6.6　交易过程

在"B2C 实践"主界面中，选择买家角色，单击进入。在购物平台中浏览商品，找到电脑外设的栏目下的商品信息，查看商品详情页面，如图 6-28 所示。在商品详细信息页面，选择商品规格，单击"放入购物车"。

图 6-28　商品详情介绍界面

在购物车中，修改需要购买的数量，系统会自动计算出价格，如图 6-29 所示。如果还需继续选购商品，则单击"继续购物"。确认购买，则单击"去结算"。

图 6-29　购物车管理界面

填写并核对订单信息，单击"提交订单"。支付方式有货到付款、支付通和网银在线三种，如图 6-30 所示。货到付款，即货物到后支付现金。支付通付款，买家和服务商需要绑定支付通后进行付款交易。网银在线付款，服务商需要绑定企业银行账号，买家输入个人银行账号进行付款。

图 6-30　订单信息确认界面

登录支付通账户，在付款页面完成付款，如图 6-31 所示。单击"网上银行付款"，或者使用余额付款。

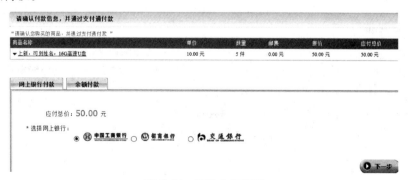

图 6-31　订单支付界面

服务商发货、买家确认收货和 B2B 交易操作类似，不再累述。

6.7 买家退款

1. 未发货申请退款

在“B2C 实践”主界面中，选择角色李四四，即买家身份，单击进入购物平台后台，找到订单列表，如图 6-32 所示。

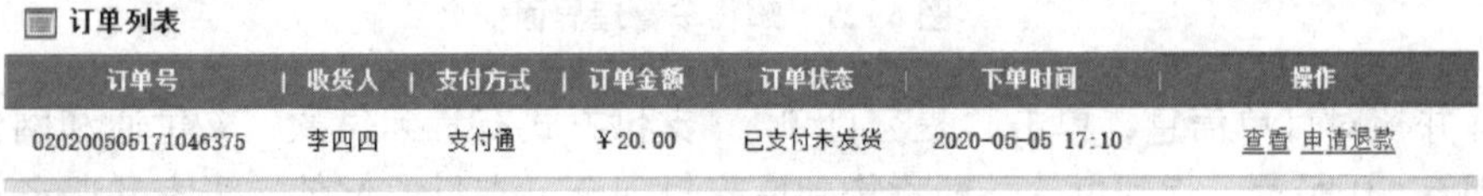

订单列表
订单号
收货人
支付方式
订单金额
订单状态
下单时间
操作
020200505171046375
李四四
支付通
¥20.00
已支付未发货
2020-05-05 17:10
查看 申请退款

图 6-32 买家订单列表界面

单击“申请退款”，可以浏览订单退款页面的详细信息，如图 6-33 所示，确认无误后单击“申请退款”。在退款信息页面中，选择“没有收到货”，如图 6-34 所示，下一步继续。

我的订单
订单号：020200505171046375 | 订单金额：¥20.00 | 订单状态：已支付未发货 | 下单时间：2020-05-05 17:10 支付方式：支付通
订单信息
收货人信息
收 货 人：李四四
详细地址：四川省,成都市,新都区 新都大道8号附3号
邮政编码：610500
联系电话：13000000001
购买人信息
购 买 人：李四四
详细地址：四川省,成都市,新都区 新都大道8号附3号
邮政编码：610500
联系电话：13000000001
QQ：
买家备注：无描述
商品信息
商品图片
商品名称
购买数量
商品单价
小计
上新，可刻姓名，16G高速U盘（灰色）
2
¥10.00
¥20.00
商品金额：¥20.00
优惠券抵扣金额：¥0.00
订单金额总计：¥20.00
可获赠积分：20 分
申请退款

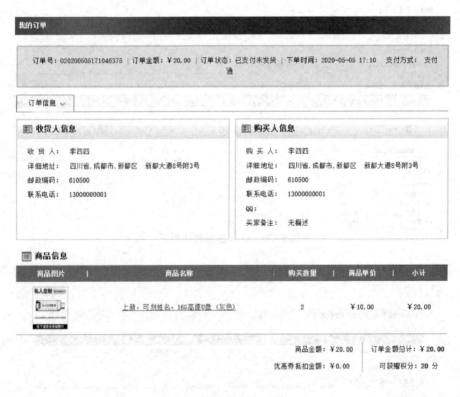

图 6-33 申请退款详情界面

图 6-34　退款信息确认界面

在退款协议页面中，进一步说明退款说明，并输入支付密码，如图 6-35 所示，以确认退款信息。

图 6-35　退款协议确认界面

输入信息，单击"立即申请退款"。在交易管理订单列表信息中，可以看到该订单的状态已更新为"支付通交易申请退款"，如图 6-36 所示。

切换用户。在"B2B 实践"主界面中，选择服务商平台角色，单击进入，查看订单管理列表信息，如图 6-37 所示。

在同意买家申请退款情况下，输入支付密码，确认退款信息，单击"同意买家的退款申请协议"，如图 6-38 所示。

图 6-36　申请退款后的订单信息列表界面

图 6-37　订单管理界面

图 6-38　退款信息确认界面

2. 已发货申请退货退款

"已发货申请退货退款"是指买家购买商品并且付款，服务商已发货成功。在"B2C 实践"主界面中，选择角色李四四，即买家身份，单击进入购物平台后台，找到订单列表，如图 6-39 所示。

图 6-39　买家订单列表界面

单击"申请退款"，选择"没有收到货"，如图 6-40 所示。选择"已经收到货"和"没有收到货"退款操作类似。

图 6-40 退款信息确认界面

输入信息，单击"立即申请退款"。

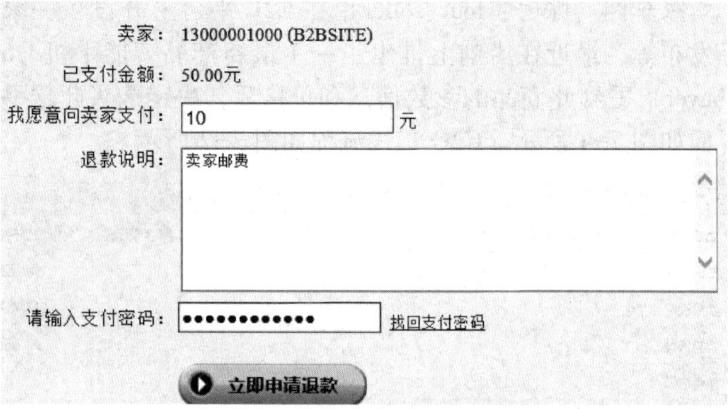

图 6-41 退款信息确认界面

切换用户。在"B2B 实践"主界面中，选择服务商平台角色，单击进入订单管理列表，如图 6-42 所示。

全选	订单号	下单日期	订单总额（元）	购买人	订单状态	操作
☐	020200505170439468	2020-05-05 17:04	50.00	李四四	支付通交易申请退款	查看

图 6-42 服务商交易订单信息列表界面

查看订单详情，单击退款订单号，选择同意退款。订单的详细操作日志，可以在选项卡"操作记录"中看到，如图 6-43 所示。

▶ 当前位置：订单管理 > 订单

订单操作　**操作记录**

操作记录

操作人	操作日期	操作内容
服务商	2020-05-05 17:26	服务商确认退款
李四四	2020-05-05 17:25	买家申请支付通退款
服务商	2020-05-05 17:09	服务商发货
李四四	2020-05-05 17:05	买家支付通付款
李四四	2020-05-05 17:04	买家购买商品

图 6-43 订单操作记录信息界面

第7章 C2C电子商务综合实践

【实践情景】

C2C电子商务综合实践（以下简称"C2C实践"），模拟两位个人用户在C2C平台上的电子商务交易。卖家李四（账号：four_seller）在C2C平台上开设了一家手机专卖店，完成店铺设计、商品发布等，最近在店铺上推出了一个最新产品智能手机Q6，消费者用户张三（账号：three_buyer）看到此商品的参数信息和价格后，决定购买此款手机。

C2C实践主界面如图7-1所示。C2C实践流程如图7-2所示。

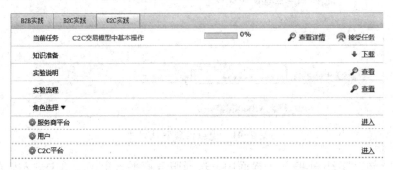

图 7-1 C2C 实践主界面

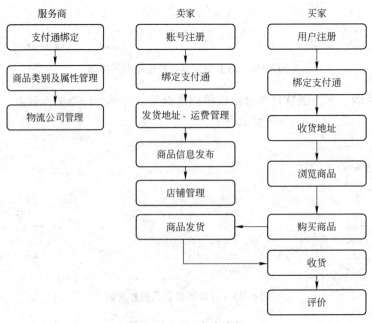

图 7-2 C2C 实践流程

【实验数据】

本章涉及的公司账号及支付通等信息，如表 7-1 所示。

表 7-1　C2C 实践实验数据表

账户类型	名称账号	支付通账号	备注
服务商	WEBSITE	13000001000	"C2C 购物平台"服务商，需开通"商家服务"，开通企业付款通道
买家	张三（three_buyer）	13000000000	采购商，公司注册地址等信息自拟
卖家	李四（four_seller）	13000000001	供应商，公司注册地址等信息自拟

C2C 出售的产品信息数据，如表 7-2 所示。

表 7-2　商品信息数据表

产品名称	型号	价格	备注
智能手机	Q6	1 999 元	其他参数，可以自行拟定

7.1　实验基础信息

7.1.1　实验类别

本实验建议设置为验证或综合性实验。

7.1.2　实验学时

本实验建议安排 4 学时。

7.1.3　实验目的

通过本实验项目，使学生更深刻地理解 C2C 电子商务的基本概念和相关理论，掌握 C2C 电子商务基本操作流程和具体的操作方法。

7.1.4　实验软硬件及耗材准备

仪器设备：接入 Internet 的主流服务器一台，主流微机若干台，打印机一台。
软件：南京奥派信息产业股份公司开发的"奥派电子商务应用软件"。
消耗材料：打印纸。

7.1.5　实验要求

（1）遵守实验室各项规章制度。
（2）考核根据实验课上表现和实验完成及报告撰写情况进行综合评定。

（3）要按规定格式认真撰写实验报告（打印或手写）。不要更改实验报告模板。实验报告需提交打印版和电子版，电子版文件以"学号－姓名－实验名称"形式命名，如"20210010001－张三－网络商务信息检索与分析实验"。

（4）实验报告正文用宋体、小四号字，1.25倍行距，标准字间距。

（5）学生要独立完成实验，进入"奥派电子商务应用软件"需注册并登录，注册名用自己的学号或姓名，实验报告中每个关键步骤均要有显示自己学号或姓名的截图。

7.2　教师准备工作

任课老师或实验指导教师需要做好以下工作。

（1）任课老师或实验指导教师在实验开始前需根据学校教务系统确认的选课名单核对实验系统的学生名单。

（2）任课老师或实验指导教师在实验开始前，要提前将本次实验项目通过课程微信公众号、网络课堂、QQ群或微信群等方式告知选课学生。

（3）任课老师或实验指导教师在实验开始前要对"奥派电子商务应用软件"进行必要的系统设置，以便学生顺利进行实验。

（4）任课老师或实验指导教师在实验过程中要随时指导学生，确保实验顺利完成。

7.3　学生实验步骤

学生需要做好以下工作。

（1）在学校教务实验系统中确认自己已经选课成功。

（2）实验开始前通过课程微信公众号、网络课堂、QQ群或微信群等方式了解本次实验项目。

（3）按照实验要求按时完成本次实验，并按照规定格式提交实验报告。

7.4　基本操作

1. 账号注册与支付通绑定

服务商绑定支付通账号。在"C2C实践"主界面，在角色选择中进入"服务商平台"，单击进入。系统进入C2C的服务商管理后台，选择一个支付通账户，完成支付通账户的绑定操作。服务商的支付通账户，需开通商家服务功能。开通后，在选择支付通账号时，即可看到商户编号以及商户密钥信息，如图7-3所示。

卖家注册会员账号并绑定支付通账号。从"C2C实践"主界面进入C2C平台，在网站的右上角单击"免费注册"，如图7-4所示。

在注册信息填写页面，填写卖家会员信息，如图7-5所示，密码自行设定。填写完注

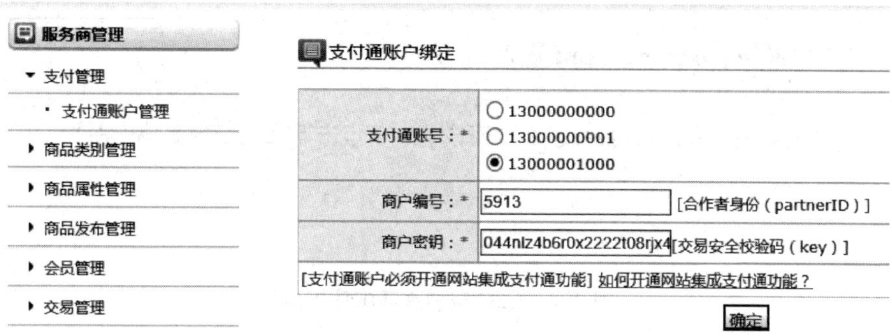

图 7-3　支付通账号绑定

图 7-4　C2C 购物网首页菜单界面

册信息后，提交。

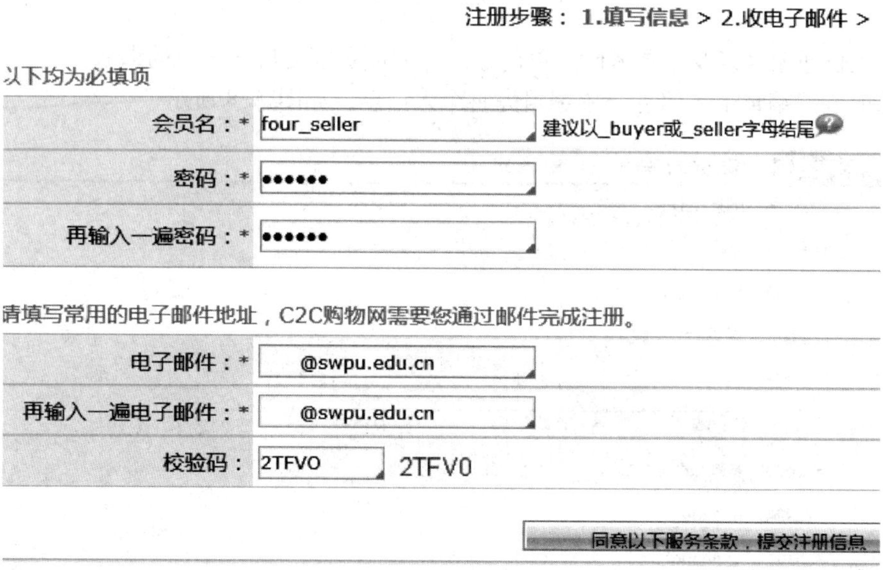

图 7-5　填写注册信息界面

注册信息通过校验，会收到一份来自网站的激活信，单击页面任务栏中的邮件图标，打开信件，按照提示激活账户，如图 7-6 所示。

卖家绑定支付通账号。以卖家身份登录 C2C 购物网，在"基本设置"—"个人信息"，单击"绑定支付通账号"选项卡，进入绑定操作界面，如图 7-7 所示。

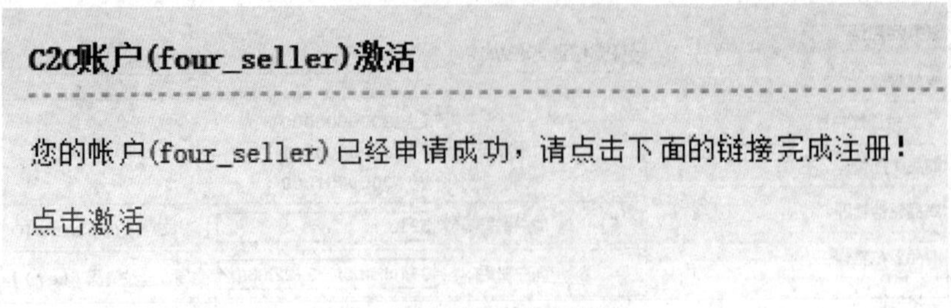

C2C账户(four_seller)激活

您的帐户(four_seller)已经申请成功，请点击下面的链接完成注册！

点击激活

图 7-6　C2C 账户激活邮件界面

您的位置：首页 >>我的C2C

◉ 我是买家
◦ 已买到的宝贝
◦ 竞拍中的宝贝
◦ 竞拍结束的宝贝
◦ 卖家回复/留言

编辑个人信息　绑定支付通账号　密码管理

会员名：four_seller

当前支付通账号：暂未绑定

绑 定

图 7-7　绑定支付通账号界面

输入支付通账号以及登录密码，单击登录，完成卖家支付通账户的绑定。

在选项卡"编辑个人信息"中编辑完善个人信息，如图 7-8 所示。

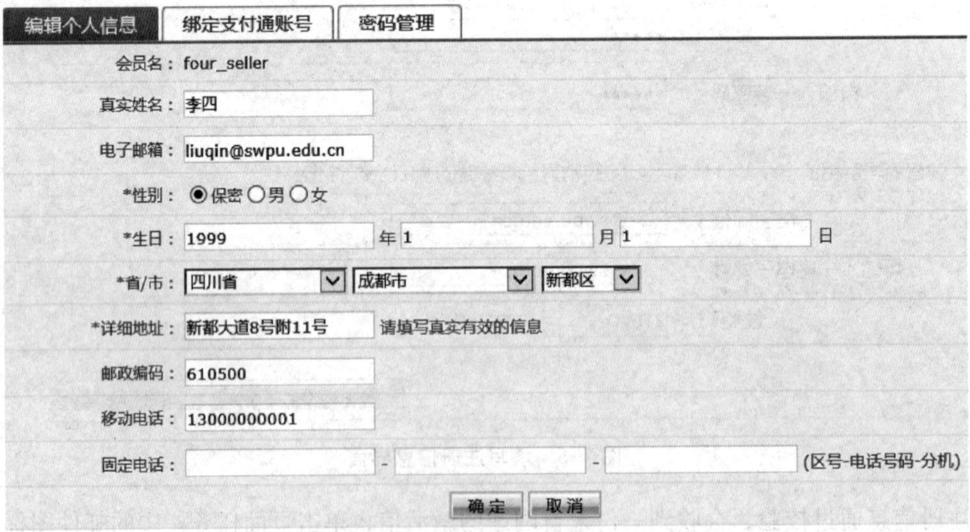

编辑个人信息　绑定支付通账号　密码管理

会员名：four_seller

真实姓名：李四

电子邮箱：liuqin@swpu.edu.cn

*性别：◉保密 ○男 ○女

*生日：1999　年 1　月 1　日

*省/市：四川省 成都市 新都区

*详细地址：新都大道8号附11号　请填写真实有效的信息

邮政编码：610500

移动电话：13000000001

固定电话：　-　-　(区号-电话号码-分机)

确 定　取 消

图 7-8　编辑个人信息界面

买家注册账户和绑定支付通账号，与卖家类似。以张三（three_buyer）的账号信息完成买家身份的注册和支付通账户的绑定。

2. C2C 平台后台管理

在"C2C 实践"主界面，在角色选择中进入"服务商平台"，单击进入。系统进入 C2C 的服务商管理后台。

普通商品类别添加：在商品类别管理中选择"类别添加"，还可以进一步选择添加几级目录。单击不同级别的类别，可以在对应级别中添加目录，添加界面如图 7-9 所示。

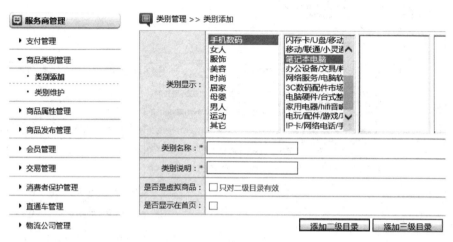

图 7-9　商品类别添加界面

类别维护：服务商可以对添加的目录进行维护，修改或删除。系统内置的类目不能修改和删除，只能对自己添加的类别进行维护。类别维护界面如图 7-10 所示。

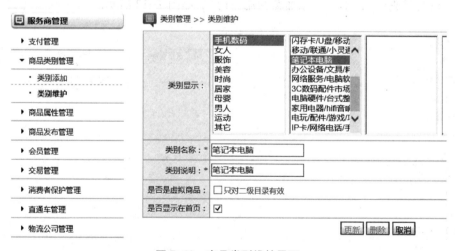

图 7-10　商品类别维护界面

商品属性管理分为"属性添加"和"属性维护"，服务商可以进行属性的添加和已有属性的维护。由于系统已经内置较为丰富的商品属性，只需要根据实际对需要维护的属性进行修改。单击"属性维护"，在类别中选择，在属性列表中进行属性的维护如"删除""编辑"等操作，如图 7-11 所示。

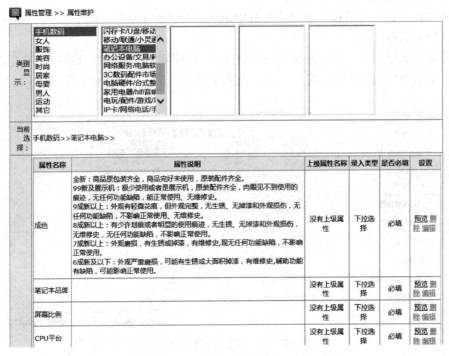

图 7-11　属性维护界面

物流公司管理，服务商需要对物流公司进行管理，包括物流公司的添加、订单管理等。选择"物流公司查看"，单击"添加新物流公司"，如图 7-12 所示。

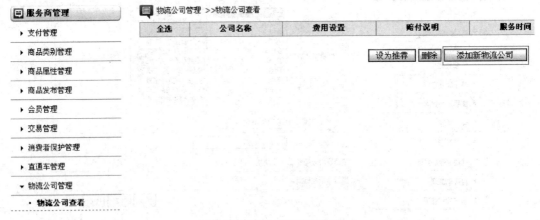

图 7-12　物流公司设置界面

填写物流公司的相关信息，如图 7-13 所示，确认"添加"。

服务商可以选择将物流公司"设为推荐"。

其他管理，在"其他管理"中选择"抵用券设置"，单击"添加抵用券"。编辑抵用券信息，然后单击"确定"。抵用券设置的相关操作如图 7-14 所示。

C2C 后台管理中，其他菜单可以自己根据实际情况进一步完善。

物流管理 >> 物流详细

物流名称:	路通速递
是否推荐:	☑
	多少 1　　　　kg 重量范围内，需要 8　　　　元钱
	增加1千克，需要增加 2　　　　元钱
上班时间:	8 ▼ 0 ▼
下班时间:	22 ▼ 0 ▼
丢失赔付简介:	详见协议
丢失赔付详细:	按运输费用的5倍赔偿，最高500元。贵重物品，请保价。
损坏赔付简介:	详见协议
损坏赔付详细:	按运输费用的5倍赔偿，最高500元。贵重物品，请保价。

添加　返回

图 7-13　物流信息录入界面

抵用券管理 >> 抵用券设置

抵用券金额(元)	使用条件(> 元)	管理
5	50	编辑 删除

添加抵用券

抵用券编辑	
使用条件: *	100 (元) (填写订单金额数,当订单总额大于此额度时，便可领取相应的抵用券)
价值:	10 ▼ (元) (选择可抵用金额数)，若和现在的相同，则会覆盖更新。

确定　取消

图 7-14　抵用券设置界面

7.5　交易过程

1. 卖家发布商品，开设网店

在"C2C 实践"主界面中，选择卖家角色，进入 C2C 购物网，将商品发布到网站上。最近推出了一款新手机——智能手机 Q6，拟将这款手机发布到网上。在"我是卖家"中选择"我要卖"，然后选择"一口价发布"，如图 7-15 所示。

图 7-15　商品发布方式的选择界面

接下来，选择商品类别“手机数码”—“手机”，如图 7-16 所示。

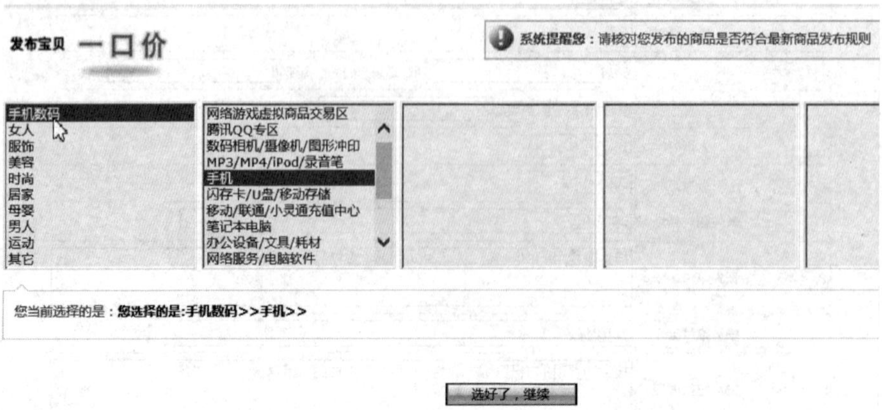

图 7-16 商品类别的选择界面

在产品信息录入界面，分别完成“宝贝信息”（如图 7-17 所示）“交易条件”“其他信息”等，最后提交系统，商品就成功发布了。

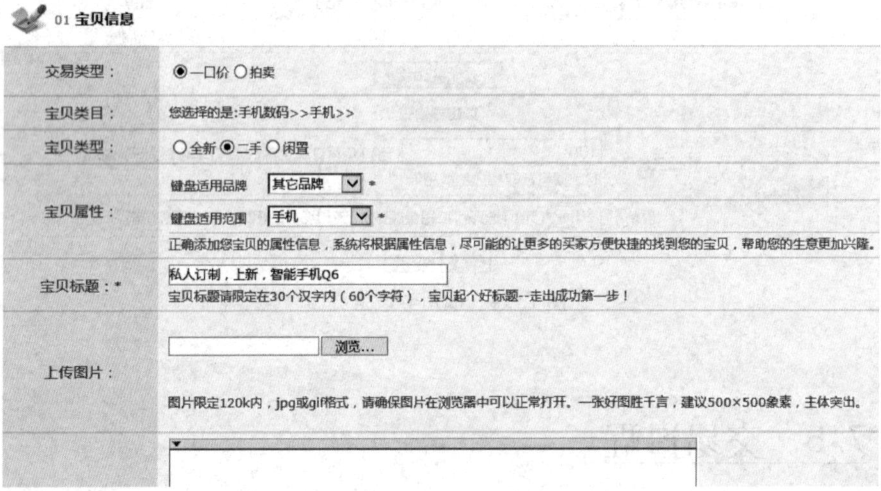

图 7-17 商品发布信息录入界面

已经发布的商品，会在商品列表中显示，如图 7-18 所示。

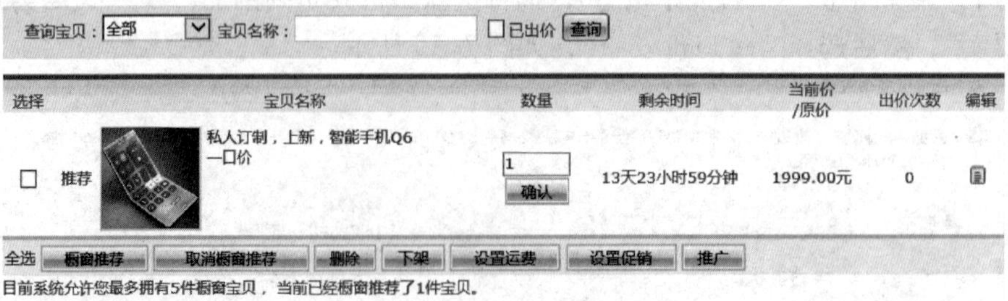

图 7-18 已经发布的商品列表界面

上架商品：选择仓库中的宝贝，选择添加的商品，单击"上架"。只有商品上架后，C2C 购物网前台上才能看到商品，以便消费者下单购买。

开设网店，主要包括选择适合的风格、店铺介绍、分类产品。依次单击"我是卖家"—"免费开店"，输入店铺名称和店铺介绍后确定即可，如图 7-19 所示。

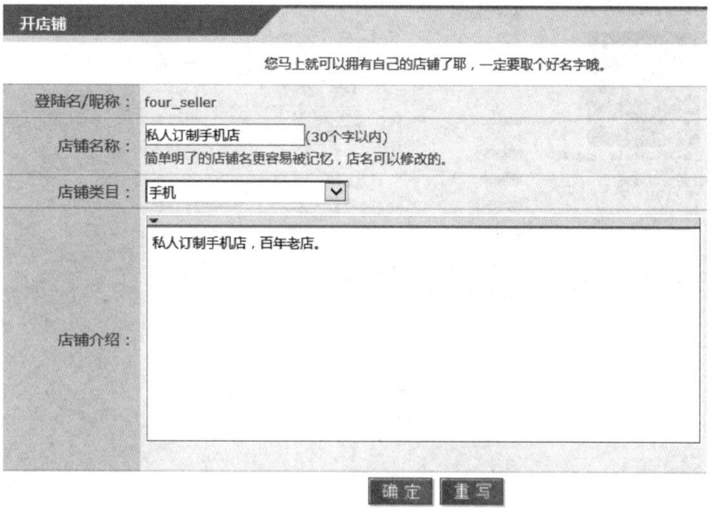

图 7-19　开设店铺基本信息录入界面

已开设的店铺，可以依次选择"我是卖家"—"管理我的店铺"，对店铺进行管理，选择风格、宝贝分类等。店铺设置好后，可以单击页面右上角"查看我的店铺"，看到店铺装修和配置后的效果。

2. 线上交易过程

在"C2C 实践"主界面中，选择买家角色，进入 C2C 购物网，买家进行宝贝搜索、浏览商品，在看到购物网上的新款智能手机 Q6（如图 7-20 所示）后非常满意，决定购买。在商品浏览页中，如果可以将商品添加收藏夹，单击商品图片下的"收藏这件宝贝"，填入标签名称，单击"添加"，该商品会加入"我的收藏"，以便用户再次查阅。

图 7-20　商品详情浏览界面

在商品详情浏览页中，单击"立即购买"，页面加入填写购买信息，填写完毕后，单击"确认无误，购买"，如图7-21所示。后台未设置收货地址的话，此时需要填写一个。如果已经有了收货地址，从中选择即可。

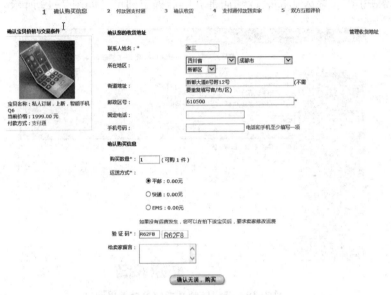

图7-21　购买信息输入界面

在弹出的另一个窗口中输入支付通信息，登录支付通，完成商品的支付过程。

卖家处理订单。切换到卖家身份，在"C2C实践"主界面中，选择卖家角色，在"已卖出的宝贝"中看到付款的订单，如图7-22所示。

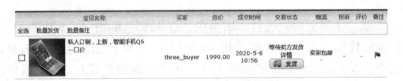

图7-22　已售商品清单界面

给买家发货，单击订单中的"发货"。如果卖家之前没有设置发货地址，系统会提示设置，如图7-23所示。

再回到发货页面，填写发货信息，如图7-24所示，逐项核实收货地址、商品取货时间地点、物流公司等信息。

选择好物流公司，就会在发货页面看见"发货中"的字样，如图7-25所示。

买家处理订单。切换到买家身份，在"C2C实践"主界面中，选择买家角色，"我是买家"—"已买到的宝贝"，可以看到已发货的商品列表，如图7-26所示。

单击"确认收货"按钮，在弹窗页面中，输入支付通账户的支付密码（如图7-27所示），完成确认收货。

当付款确认成功，该笔交易就完成了。买卖双方在交易完成之后，需要对交易对方进行评价。选定商品，单击"评价"，如图7-28所示。

C2C 推荐物流，您坚实的物流服务保障！

第一步 确认收货地址及交易信息

第二步 确认取货时间地点

物流公司工作人员到以下地址收取您的货物　从我的地址库中选择　　预约物流公司工作人员上门取件的日期（可选）

取货地址：　　　　　　　　　　　　　　预约时间：

第三步 选择物流公司

合作物流公司					
公司名称			)赔付	破损赔付	操作
其他物流公司					
公司名称				操作	
▽				选择	
不需要物流公司					

如果该物品无须物流运送（如虚拟产品），您可以直接单击　**确 定**

> 来自网页的消息　　　　　　　×
>
> ⚠ 您还没有发货地址，请先建立！
>
> 　　　　　　　确定

图 7-23　卖家发货地址提示

第一步 确认收货地址及交易信息

从我的地址库中选择	修改买家地址
四川省 成都市 新都区 新都大道8号附11号 联系人：李四 电话：13000000001 邮编：610500	四川省 成都市 新都区 新都大道8号附12号 联系人：张三 电话：-13000000000 邮编：610500
	⊞ 查看本次交易详细

第二步 确认取货时间地点

物流公司工作人员到以下地址收取您的货物　从我的地址库中选择　　预约物流公司工作人员上门取件的日期（可选）

取货地址：
四川省 成都市 新都区 新都大道8号附11号 联系人：李四 电话：13000000001
邮编：610500　　　　　　　　　　预约时间：

第三步 选择物流公司

合作物流公司				
公司名称	最高限价(首重/续重)	丢失(损毁)赔付	破损赔付	操作
顺风 揽收：6:00-- 23:00	小于5kg:20元 每加1.0kg:5元	物流协议 详情	物流协议 详情	选择

图 7-24　卖家发货信息录入界面

私人订制，上新，智能手机Q6 宝贝价格：1999元 × 1 买家选择：卖家包邮 　　　　　发货日期：2020-5-6 11:03:03	买家地址： 四川省 成都市 新都区 新都大道8号附12号 联系人：张三 电话：-13000000000 邮编：610500 买家留言： 　　　　　　　发货中 　　　　　投诉该物流公司

图 7-25　已发货的商品状态界面

	宝贝名称	卖家	总价	成交时间	交易状态	物流	投诉	评价	备注
全选	批量备注								
☐	私人订制，上新，智能手机Q6 一口价	four_seller 李四	1999.00元		卖方已发货 详情 **确认**	卖家包邮	投诉 退款	-	⚑

图 7-26　交易订单信息列表

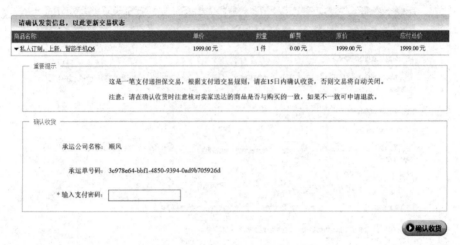

图 7-27　确认收货支付密码输入界面

图 7-28　已成交商品列表界面

发表评论内容，并按照实际情况选择好评、中评或者差评。

卖家可以在支付通平台中，查看订单的交易情况，在"交易管理"—"交易管理"中可以查看，如图 7-29 所示。

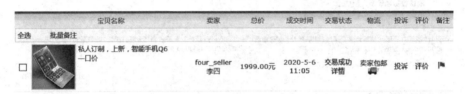

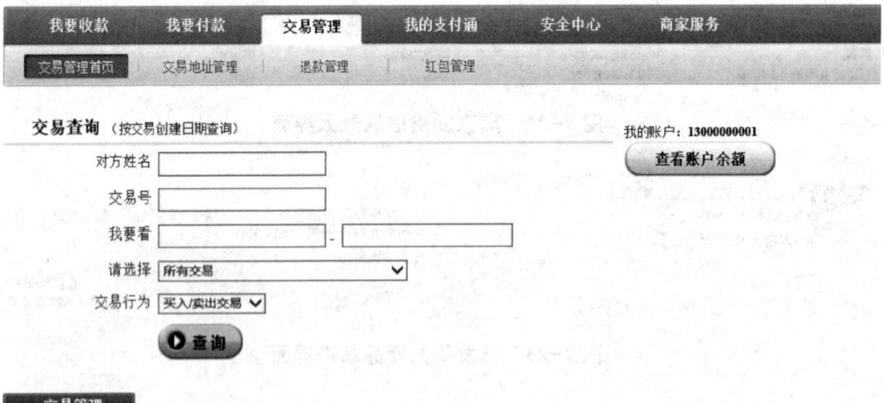

图 7-29　支付通中交易管理界面

在"我的支付通"—"账户明细查询"中，可以看到账户交易费用的变动情况，本订单的收入费用，如图 7-30 所示。

业务流水号	日期	交易场所	类型	收入	支出	账户余额	详情	备注
2020050610562909546	2020-5-6 11:05:42	ZFT	在线支付	1999.00 元	0.00元	109169.00 元	详情	担保交易-确认收货

图 7-30　订单账户明细查询界面

卖家可以在支付通进行提现操作，将资金从支付通平台提现至银行账户。

第8章 移动电子商务实验

 ## 8.1 实验基础信息

8.1.1 实验类别

本实验建议设置为综合性实验。

8.1.2 实验学时

本实验建议安排2学时。

8.1.3 实验目的

通过本实验项目，使学生更深刻地理解移动电子商务的基本概念和相关理论，掌握移动电子商务在购物、旅游、娱乐、票务等不同领域的实际应用，掌握不同模式的基本操作流程和具体的操作方法。

8.1.4 实验软硬件及耗材准备

仪器设备：接入 Internet 的主流服务器一台，主流微机若干台，打印机一台。
消耗材料：打印纸。

8.1.5 实验内容和要求

1. 实验内容

为使学生真实地感受移动电子商务的实际应用效果，本实验建议学生在已经实际正常商业运营的 App 或小程序等软件系统（可根据各学校专业实际情况，实验前由任课教师指定几款以利于实验报告评比）上对手机银行、移动支付、移动购物、机票预订、外卖预订、酒店预订、车票预订、度假预订、旅游预订、预订电影票、证券行情（各学校可根据本专业实际情况选择某几项内容进行实验）等应用进行实操。

如涉及需要实名注册下单的，为保障自己的个人信息安全，建议实验开始前在安全的个人计算机上按照下面实验要求先行完成注册工作，做好相应截图保存，以利于后期整理实验报告。在开放的实验室环境中进行实验时要注意个人信息和资金的安全，资金账户上存放极少量资金（满足开户要求）即可，实验无须完成最后支付，做好截图即时取消并删除订单。

2. 实验要求

（1）遵守实验室各项规章制度。

（2）考核根据实验课上表现和实验完成及报告撰写情况进行综合评定。

（3）要按规定格式认真撰写实验报告（打印或手写）。不要更改实验报告模板。实验报告需提交打印版和电子版，电子版文件以"学号－姓名－实验名称"形式命名，如"20210010001－张三－网络商务信息检索与分析实验"。

（4）实验报告正文用宋体、小四号字，1.25 倍行距，标准字间距。

（5）学生要独立完成实验，进入 App、小程序等软件系统需注册并登录，注册名用自己的学号或姓名，实验报告中每个关键步骤均要有显示自己学号或姓名的截图。

 # 8.2　教师准备工作

任课老师或实验指导教师需要做好以下工作。

（1）任课老师或实验指导教师在实验开始前需根据学校教务系统确认的选课名单核对实验系统学生名单。

（2）任课老师或实验指导教师在实验开始前，要提前将本次实验项目通过课程微信公众号、网络课堂、QQ 群或微信群等方式告知选课学生。

（3）任课老师或实验指导教师在实验开始前要根据本校专业实际情况指定几款适用于教学实验的 App、小程序等软件系统以利于实验报告评比，并通过课程微信公众号、网络课堂、QQ 群或微信群等方式告知选课学生，让学生提前熟悉以上软件系统并做好相应的准备工作。

（4）任课老师或实验指导教师在实验开始前要根据本校专业实际情况在手机银行、移动支付、移动购物、机票预订、外卖预订、酒店预订、车票预订、度假预订、旅游预订、预订电影票、证券行情等应用中指定若干项内容由学生进行实验，并通过课程微信公众号、网络课堂、QQ 群或微信群等方式告知选课学生，让学生提前熟悉相关实验内容并做好相应的准备工作。

（5）任课老师或实验指导教师在实验过程中要随时指导学生，确保实验顺利完成。

 # 8.3　学生实验步骤

学生需要做好以下工作。

（1）在学校教务实验系统中确认自己已经选课成功。

（2）实验开始前通过课程微信公众号、网络课堂、QQ 群或微信群等方式了解本次实验项目。

（3）实验开始前通过课程微信公众号、网络课堂、QQ 群或微信群等方式熟悉任课老师指定的几款适用于教学实验的 App、小程序等软件系统，并做好相应的必要准备工作。

（4）实验开始前通过课程微信公众号、网络课堂、QQ 群或微信群等方式熟悉任课老师在手机银行、移动支付、移动购物、机票预订、外卖预订、酒店预订、车票预订、度假预订、旅游预订、预订电影票、证券行情等应用中指定的若干项内容，并做好相应的准备工作。

（5）按照实验要求按时完成本次实验，并按照规定格式提交实验报告。

第9章 典型网站演练实验

9.1 实验基础信息

9.1.1 实验类别

本实验建议设置为综合性实验。

9.1.2 实验学时

本实验建议安排 2 学时。

9.1.3 实验目的

通过本实验项目，使学生理解和掌握 B2B、B2C、C2C 电子商务模式，并且熟练使用第三方支付平台进行基本电子商务操作。

9.1.4 实验软硬件及耗材准备

仪器设备：接入 Internet 的主流服务器一台，主流微机若干台，打印机一台。

消耗材料：打印纸。

9.1.5 实验内容和要求

1. 实验内容

（1）选定参加本次网站演练实验三种类型的电子商务及其典型优秀网站（典型优秀网站名单可根据各校的专业实际自行确定）。

B2B 网站：如 1688、alibaba 等。

B2C 网站：如京东、天猫等。

C2C 网站：如淘宝、（京东）拍拍等。

（2）学生应能在以上 B2B、B2C、C2C 三种商务模式指定的电子商务网站上完成查找合适的目标商品、下单、支付等整个电子商务业务。

（3）如涉及需要实名注册下单的，为保障自己的个人信息安全，建议实验开始前在安全的个人计算机上按照下面实验要求先行完成注册工作，做好相应截图保存利于后期整理实验报告。在开放的实验室环境中进行实验时要注意个人信息和资金的安全，资金账户上存放极少量资金（满足开户要求）即可，实验无须完成最后支付，做好截图即时取消并删除订单。

2. 实验要求

（1）遵守实验室各项规章制度。

（2）考核根据实验课上表现和实验完成及报告撰写情况进行综合评定。

（3）要按规定格式认真撰写实验报告（打印或手写）。不要更改实验报告模板。实验报告需提交打印版和电子版，电子版文件以"学号-姓名-实验名称"形式命名，如"20210010001-张三-网络商务信息检索与分析实验"。

（4）实验报告正文用宋体、小四号字，1.25倍行距，标准字间距。

（5）学生要独立完成实验，进入网站需注册并登录，注册名用自己的学号或姓名，实验报告中每个关键步骤均要有显示自己学号或姓名的截图。

9.2 教师准备工作

任课老师或实验指导教师需要做好以下工作。

（1）任课老师或实验指导教师在实验开始前需根据学校教务系统确认的选课名单核对实验系统的学生名单。

（2）任课老师或实验指导教师在实验开始前，要提前将本次实验项目通过课程微信公众号、网络课堂、QQ群或微信群等方式告知选课学生。

（3）任课老师或实验指导教师在实验开始前要根据本校专业实际情况在B2B、B2C、C2C三种电子商务模式中各指定2个典型的适用于教学实验的电子商务网站以利于实验报告评比，并通过课程微信公众号、网络课堂、QQ群或微信群等方式告知选课学生，让学生提前熟悉以上典型电子商务网站并做好相应的准备工作。

（4）任课老师或实验指导教师在实验开始前通过课程微信公众号、网络课堂、QQ群或微信群等方式告知选课学生开通各自的第三方支付（如京东支付、微信、支付宝、网银、翼支付、财付通等）。

（5）任课老师或实验指导教师在实验过程中要随时指导学生，确保实验顺利完成。

9.3 学生实验步骤

学生需要做好以下工作。

（1）在学校教务实验系统中确认自己已经选课成功。

（2）实验开始前通过课程微信公众号、网络课堂、QQ群或微信群等方式了解本次实验项目。

（3）实验开始前通过课程微信公众号、网络课堂、QQ群或微信群等方式熟悉任课老师在B2B、B2C、C2C三种电子商务模式中各指定的2个典型电子商务网站，并做好相应的准备工作。

（4）实验开始前通过课程微信公众号、网络课堂、QQ群或微信群等方式得到任课老师开通各自的第三方支付（如京东支付、微信、支付宝、网银、翼支付、财付通等）的通知，并做好相应的准备工作。

（5）按照实验要求按时完成本次实验，并按照规定格式提交实验报告。

第 10 章　跨境电子商务演练实验

 ## 10.1　实验基础信息

10.1.1　实验类别

本实验建议设置为综合性实验。

10.1.2　实验学时

本实验建议安排 2 学时。

10.1.3　实验目的

通过本实验项目，学生应更深刻地理解跨境电子商务的基本概念和相关理论，掌握跨境电子商务基本操作流程和具体的操作方法。

10.1.4　实验软硬件及耗材准备

仪器设备：接入 Internet 的主流服务器一台，主流微机若干台，打印机一台。
消耗材料：打印纸。

10.1.5　实验要求

（1）遵守实验室各项规章制度。
（2）考核根据实验课上表现和实验完成及报告撰写情况进行综合评定。
（3）要按规定格式认真撰写实验报告（打印或手写）。不要更改实验报告模板。实验报告需提交打印版和电子版，电子版文件以"学号-姓名-实验名称"形式命名，如"20210010001-张三-网络商务信息检索与分析实验"。
（4）实验报告正文用宋体、小四号字，1.25 倍行距，标准字间距。
（5）学生要独立完成实验，进入"敦煌网（DHgate.com）"，完成注册并登录，注册名用自己的学号或姓名，实验报告中每个关键步骤均要有显示自己的学号或姓名的截图。

10.2 教师准备工作

任课老师或实验指导教师需要做好以下工作。

（1）任课老师或实验指导教师在实验开始前需根据学校教务系统确认的选课名单核对实验系统学生名单。

（2）任课老师或实验指导教师在实验开始前，要提前将本次实验项目通过课程微信公众号、网络课堂、QQ 群或微信群等方式告知选课学生。

（3）任课老师或实验指导教师在实验过程中要随时指导学生，确保实验顺利完成。

 ## 10.3 学生实验步骤

学生需要做好以下工作。

（1）在学校教务实验系统中确认自己已经选课成功。

（2）实验开始前通过课程微信公众号、网络课堂、QQ 群或微信群等方式了解本次实验项目。

（3）按照实验要求按时完成本次实验，并按照规定格式提交实验报告。

 ## 10.4 敦煌网概述

敦煌网（DHgate.com）是一个聚集中国众多中小供应商产品的 B2B 平台，是为国外众多的中小采购商提供采购服务的全天候国际网上批发交易平台。敦煌网成立于 2004 年，作为中小额 B2B 海外电子商务的创新者，敦煌网采用 EDM（电子邮件营销）的营销模式低成本高效率地拓展海外市场，自建 DHgate.com 平台，为海外用户提供了高质量的商品信息，用户可以自由订阅英文 EDM 商品信息，第一时间了解市场供应情况。

作为跨境电子商务卖家，在使用不同跨境电商平台时，需要详细了解平台规则，否则会受到平台处罚，甚至被冻结账号。敦煌网在卖家中心提供了详细的中文版的政策规则、政策解读、违规公示等内容。如针对卖家发布虚假产品信息的相关处罚措施，销售侵权产品、禁销产品等，都会有相应的处罚措施。

 ## 10.5 平台账号注册

（1）访问平台。用浏览器进入敦煌网首页（https：//www.dhgate.com/），如图 10-1 所示。单击页面左上角"商户首页"，进入商户中心。

单击页面左上角"轻松注册"，如图 10-2 所示，弹出注册协议，如图 10-3 所示。

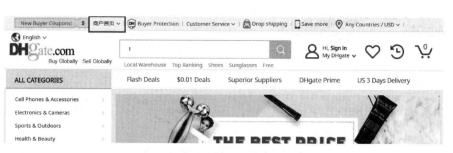

New Buyer Coupons!
商户首页
Buyer Protection
Customer Service
Drop shipping
Save more
Any Countries / USD
English
DHgate.com
Buy Globally · Sell Globally
Hi, Sign in
My DHgate
Local Warehouse　Top Ranking　Shoes　Sunglasses　Free
ALL CATEGORIES
Flash Deals　$0.01 Deals　Superior Suppliers　DHgate Prime　US 3 Days Delivery
Cell Phones & Accessories
Electronics & Cameras
Sports & Outdoors
Health & Beauty
图 10-1　敦煌网首页界面

敦煌跨境直播间　卖家成长一站式加油站
欢迎您！登录 或 轻松注册
我的DHgate　帮助
DHgate.com　买全球，卖全球　[简体中文]
首页　平台介绍　行业动态　国货优品　敦煌跨境课堂　政策规则　营销服务　服务市场　物流服务　论坛
图 10-2　商户中心首页界面

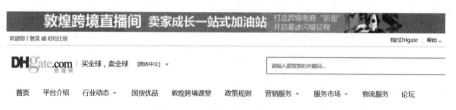

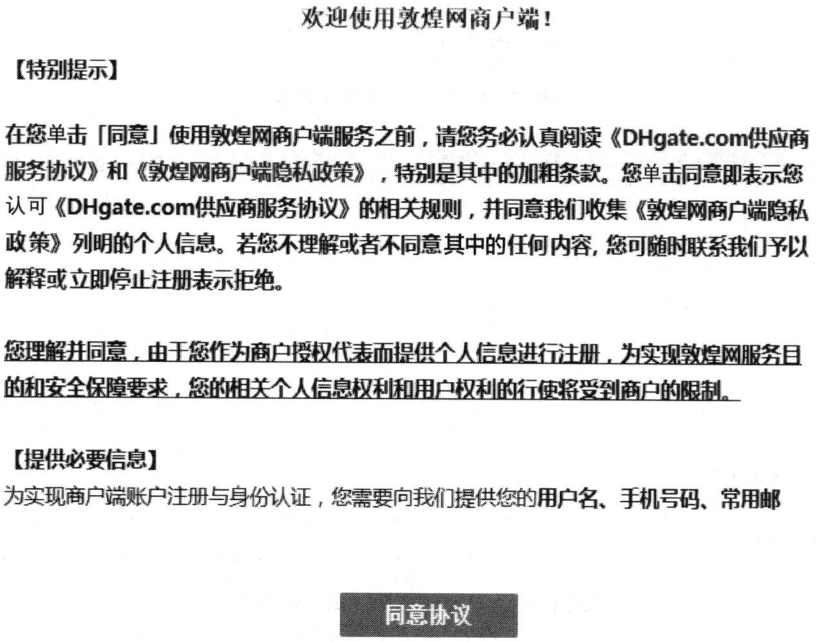

欢迎使用敦煌网商户端！
【特别提示】
在您单击「同意」使用敦煌网商户端服务之前，请您务必认真阅读《DHgate.com供应商服务协议》和《敦煌网商户端隐私政策》，特别是其中的加粗条款。您单击同意即表示您认可《DHgate.com供应商服务协议》的相关规则，并同意我们收集《敦煌网商户端隐私政策》列明的个人信息。若您不理解或者不同意其中的任何内容，您可随时联系我们予以解释或立即停止注册表示拒绝。
您理解并同意，由于您作为商户授权代表而提供个人信息进行注册，为实现敦煌网服务目的和安全保障要求，您的相关个人信息权利和用户权利的行使将受到商户的限制。
【提供必要信息】
为实现商户端账户注册与身份认证，您需要向我们提供您的用户名、手机号码、常用邮
同意协议
图 10-3　敦煌网商户端服务协议阅读界面

（2）填写注册信息。阅读“敦煌网商户端服务”，单击同意，进入卖家注册信息填写页面，如图 10-4 所示。

（3）激活账号。提交注册信息后，系统要求进行手机验证和邮箱验证后才能激活账号，如图 10-5 所示。单击发送验证码，输入手机接收到的短信验证码。

分别完成手机验证码发送和提交，如图 10-6 所示，登录邮箱激活账号（如图 10-7 所示）完成验证。

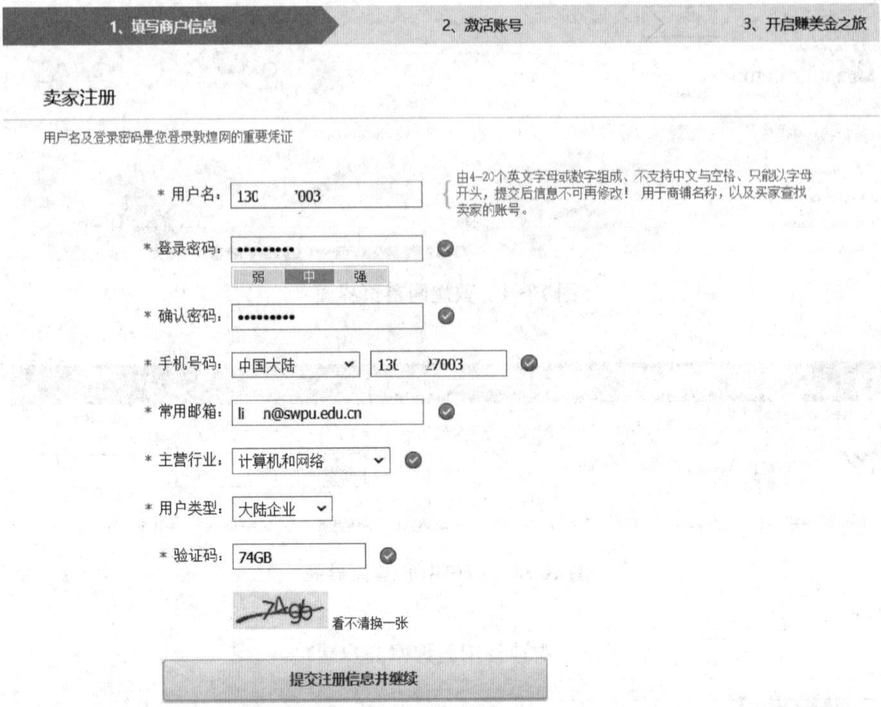

图 10-4　注册信息填写界面

图 10-5　手机验证和邮箱验证界面

图 10-6　手机验证码填写界面

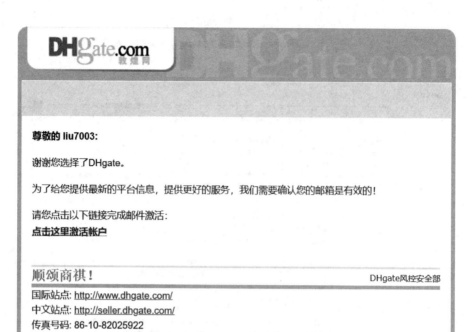

图 10-7　激活邮箱信息界面

成功激活账号后，系统会提示成功注册敦煌网，如图 10-8 所示。

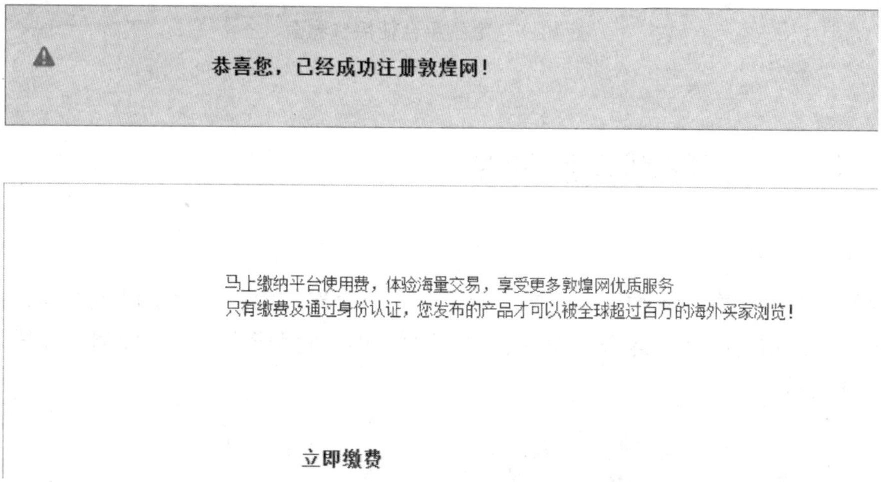

图 10-8　用户注册成功提示

（4）缴纳平台使用费。自 2019 年 2 月 20 日起，所有新注册的卖家账号，均需缴纳平台使用费。新用户在通过手机验证和邮箱验证激活账户后，页面将提示"立即缴费"，如图 10-9 所示。根据实际情况选择缴费期限，完成缴费。缴费成功后，需要进行身份认证，通过后，账号便注册成功，可以正常使用账号了。

平台使用费

缴纳平台使用费，开启您精彩的敦煌跨境电商之旅，祝您生意兴隆！

请选择期限：

半年有效	¥698.0

您还将获得：
价值$199Myyshop开店费(有效期一年)
广告费￥100(有效期3个月)
数据智囊综合免费使用60天

一年有效	¥1099.0

您还将获得：
价值$199Myyshop开店费(有效期一年)
广告费￥100(有效期3个月)
数据智囊综合免费使用120天

新卖家限时尝鲜版   限时

三个月有效	¥639.0

您还将获得：
广告费￥300(有效期30天)
价值$199Myyshop开店费(有效期一年)
21大智能选品(30天)精准选品必备
店铺模板*1(30天)店铺装修必备
商品流量快车9个(30天)提升搜索曝光率

新卖家限时助力版   限时

半年有效	¥898.0

您还将获得：
广告费￥449(有效期3个月)
价值$199Myyshop开店费(有效期一年)
店铺模板*2(30天)小店立刻高大上
商品流量快车9个(60天)
视觉精灵(14天)视觉营销
数据智囊综合版免费使用(60天)

星航计划专属   限时

一年有效	¥1999.0

您还将获得：
广告费￥1199(有效期6个月)
价值$199Myyshop开店费(有效期一年)
21大智能选品(30天)精准选品必备
热卖店铺模板*3(30天)小店立刻高大上
商品流量快车16个(180天)享受高倍曝光机会
视觉精灵(180天)产品脱颖而出
数据智囊综合版免费使用(180天)店铺分析经营无忧
了解详情

缴纳费用

图 10-9　缴纳平台使用费界面

10.6　敦煌网物流体系

1. 敦煌物流在线发货

敦煌网联合第三方优质物流，由平台补贴运费，全新推出在线发货解决方案，提供免费上门揽收，全程物流跟踪、运费折扣低、纠纷赔付的物流保障服务。敦煌物流在线发货流程如图 10-10 所示。

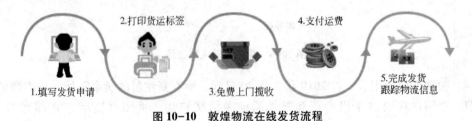

2.打印货运标签　　　　　　　4.支付运费

1.填写发货申请　　　　3.免费上门揽收　　　5.完成发货
　　　　　　　　　　　　　　　　　　　　跟踪物流信息

图 10-10　敦煌物流在线发货流程

2. DHLink 线下发货

DHLink 综合物流平台是敦煌网为所有电商卖家推出的，提供更多安全、高效、低价的国际物流运输方式，优化国际物流操作流程的在线综合物流平台。卖家通过在线填写发货申请单，线下发货至合作仓库，并在线支付运费，智能推荐最优物流方案，最终完成国际物流发货，让买卖双方在享受高品质物流服务的同时，大大降低了物流成本。DHLink 寄件发货流程如图 10-11 所示。

图 10-11　DHLink 寄件发货流程

3. DHLink 海外仓发货

使用 DHLink 海外仓发货模式是指国内跨境电商卖家根据市场分析进行选品备货，委托 DHLink 将产品从中国出口，通过海、陆、空的运输方式运至国外，完成清关，存储到买家所在国家的仓库。如图 10-12 和图 10-13 所示。境外买家通过网上下单购买所需物品，卖家对海外的仓库下达指令完成订单履行，产品从仓库发出，以最快的速度送至买家手中。DHLink 在洛杉矶、新泽西、伦敦、芝加哥、法兰克福、马德里、布拉格、温哥华、悉尼、墨尔本等 10 个城市布局海外仓，辐射北美、欧洲、澳洲。

图 10-12　海外仓商品备货流程

图 10-13　海外仓订单发货流程

 ## 10.7　敦煌网物流运费模板设置

为了方便卖家在发布商品时，系统自动计算准确的国际运费，通常需要提前设置常用的运费模板。运费模板主要用来定义商品的运输方式及商品的运输国家。通过在上传商品过程中的设置，客户在购买时就可以看到不同的运输方式对应的商品运费了。运费除了与运输方式及目的地国家有关，还与商品的重量及体积有关。所以可以在商品上传页面中，通过试算运费功能查看某个商品的具体运费。

登录卖家后台中心，单击菜单中"产品"—"模板管理"—"运费模板"，进入运费模板管理页面，如图 10-14 所示。

图 10-14　卖家设置运费模板界面

添加模板有直接添加和从推荐模板中选择两种方式，单击"添加模板"，进入运费模板设置页面，如图 10-15 所示。在页面中输入"运费模板名称"，名称可自行设置，清晰明了。该名称仅为卖家显示，其他人员无权查阅。可供选择的物流方式有：国际 E 邮宝、国际专线、国际快递、国际小包、海外物流。以 HUT Registered Air mail(s)-Huahan 为例，单击所在行右侧的"选择并设置"，进入运费设置页面，如图 10-16 所示。在运费设置页面中，可以设置"免运费""标准运费""自定义运费""不发货"四种运费类型，可以发布设置销售国家和地区、运费折扣、承诺运达时间。

图 10-15　添加运费模板页面

可根据实际情况，完成图 10-16 中四项运费类型。设置完成后，单击"确定"按钮。

HUT Registered Air mail(S)-HuaHan运费设置　返回

* 选择发货地：中国 ⌄　　③ 设置商品库存所支持发货地

④ 选中下面的运费类型，设置销售国家和地区、运费折扣、承诺运达时间

☑ **免运费** ？

添加国家或地区组

✔ **17 个国家或地区**　　　　✔ 承诺运达时间：30 天　　🖉　🗑

美国、瑞士、挪威、荷兰、比利时、匈牙利、芬兰、巴西、日本、加拿大、英国、法国、德国、希腊、瑞典、意大利、丹麦

☐ **标准运费** ？
指定国家或地区收取标准运费

☐ **自定义运费**
指定国家或地区收取运费

☐ **不发货**
指定国家或地区不发货

⑤ 点击"确定"运费类型设置完成

确定　　取消

图 10-16　HUT Registered Air mail（S）-HuaHan 运费设置界面

10.8　敦煌网商品上传与管理

在敦煌网销售商品前，必须先按照平台规则完成商品的上架。跨境电子商务平台中商品信息的介绍一般由图片和文字构成，色彩鲜明的图片和翔实的文字介绍可以有效提升商品的浏览量，吸引潜在的客户。

（1）选择类目。在上传商品前，需要首先设置好经营品类。如未设置，系统会提示，如图 10-17 所示。商品类目设置，如图 10-18 所示。

（2）上传产品。上传产品时需要填写如下信息：产品名称、产品简短描述、产品属性值、产品信息描述、产品销售信息、服务承诺、其他信息。产品标题，要求清楚、完整、形象，最多可输入 140 个字符，如图 10-19 所示。

"产品基本属性"主要为产品在页面详情显示时展示更多的内容，平台会根据产品的特

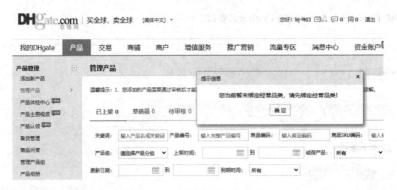

图 10-17 经营品类设置界面

图 10-18 选择商品类目界面

图 10-19 产品基本信息录入界面

征设置产品的多种属性，如品牌、装饰等（不同的产品，属性可能不同），如图 10-20 所示。在基本属性界面中，建议输入尽可能完整准确的信息，方便买家浏览产品页面时了解产品特性。属性值将会直接显示在买家页面。带 * 号标志的属性都是必须项，否则将会影响到产品的上传及发布。

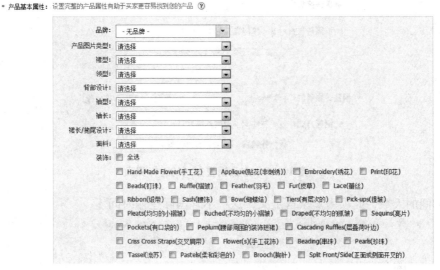

图 10-20　产品基本属性设置界面

"产品规格"，可以分别选择并设置不同的零售价，并在前台展示给买家，如图 10-21 所示。还可以增加自定义规格。

图 10-21　产品规格设置界面

产品销售方式，可以选择按件销售或按包销售。如选择按包卖，需要输入每包产品的数量，其中单位为"件"，也可以在右侧选择其他销售单位，如图 10-22 所示。选择其他销售单位后，会出现双、套、打等单位。

备货状态，产品可以选择有备货，或者待备货。其中有备货可以选择备货地、备货数量、备货期（有备货的产品备货期小于等于 4 天）。待备货的产品可以设置客户一次最大购买数量，并且备货期可以设置 1~60 天，如图 10-23 所示。备货期：卖家确认执行订单至成

图 10-22 产品销售方式的选择界面

功发货期间的天数，此项由卖家自定义，这里不含国际运输时间。

图 10-23 备货状态设置界面

产品价格区间，平台可以针对同一产品的不同数量区间，分别设置各个数量区间的不同报价；如果同一产品还有不同的规格，也可以对不同的规格在不同的数量区间设置各自的价格。产品价格区间设置界面如图 10-24 所示。产品价格区间分别设置价格，自定义区间设置效果如图 10-25 所示。

* 产品价格区间：您可以最多添加4个价格区间 🈴 阶梯佣金计算公式 ❓

| 2 | 包以上 | 实际收入：US$ | 20 | /包 | 买家价格：US$ 22.73 |
| 5 | 包以上 | 实际收入：US$ | 18 | /包 | 买家价格：US$ 18.85-20.46 删除 |

➕ 增加区间

图 10-24 产品价格区间设置界面

买家价格，指的是买家所看到的价格，是系统根据实际收入和类目佣金自动计算出来的。同时可以将鼠标放到"佣"字图标上查看该类目的佣金比率，如图 10-26 所示。

销售状态，指某个规格是否展示到买家页面来销售，如果暂时没有此规格，那么可以选择"不可销售"。

商品编码，可为产品设置商品编码，从而区分产品来自不同的厂家、不同的类目、不同的规格。

产品图片，建议使用生动真实、清晰的图片展示产品形象和特性，上传产品之前要提前准备好图片。建议自拍产品照片作为图片，保持图片和产品一致。一旦买家发现产品和图片不符，就可能会以此要求退货退款，造成不必要的交易纠纷，甚至还会影响信用度。

产品组，为方便卖家自己管理产品，可以创建产品组，将同一类别的产品添加到同一个产品组中。产品简短描述，建议在产品简短描述栏目中多填入一些可以让买家在查找物品时会搜索到的词语。可以输入中文标点符号，会自动转化成英文标点符号，最多可输入 500 个

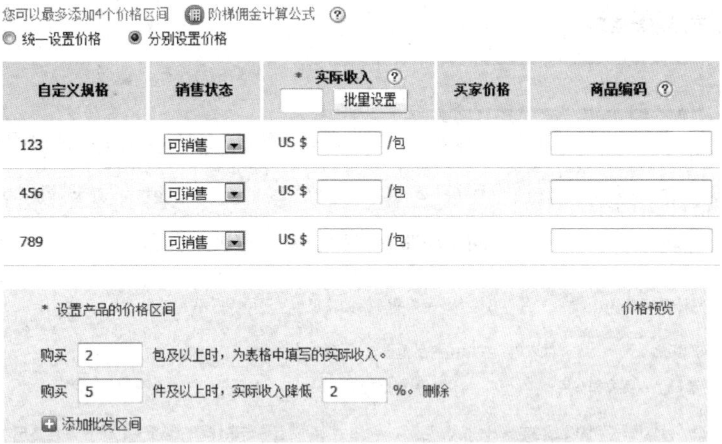

图 10-25　产品价格区间自定义规格设置界面

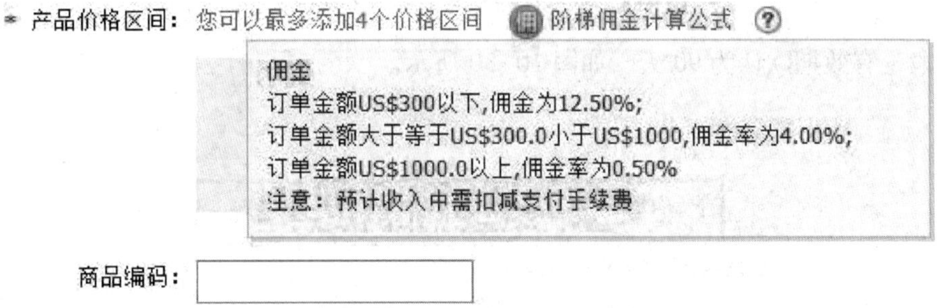

图 10-26　产品价格阶梯佣金计算公式

字符。产品组和产品简短描述信息填写界面如图 10-27 所示。

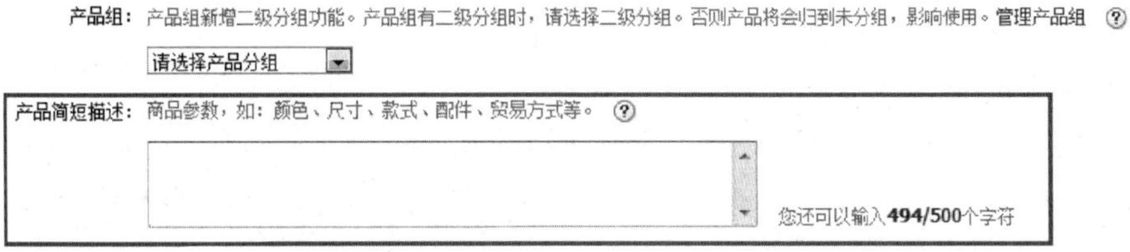

图 10-27　产品组和产品简短描述信息录入界面

　　产品详细描述，把在产品名称和规格说明中不能涵盖的产品信息进一步详细地展示给买家，让买家可以一目了然地、尽可能多地了解产品相关信息；还可以通过一些个性化的描述展现卖家的专业性，如制作模板、敦煌网相关产品的站内链接，向买家展示更多的相关产品。考虑到敦煌网面对的都是国外的买家，需要使用英文描述产品信息，以便买家在搜索产品时可以准确地了解产品的各种情况。

　　产品包装信息，包括包装后重量、尺寸信息，如实填写即可，界面如图 10-28 所示。

　　考虑到部分产品的包装重量不是完全根据产品的数量等比增加，对于产品包装重量比较大、体积比较小的产品，可以使用自定义重量计算功能，如图 10-29 所示。

　　产品有效期，产品有效期指的是从产品成功提交那天起，到产品停止在网上展示那天截

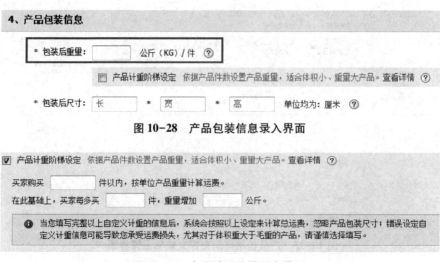

图 10-28　产品包装信息录入界面

图 10-29　产品计重阶梯设定界面

止的时间段，有效期默认为 90 天，如图 10-30 所示。

图 10-30　产品有效期设置界面

（3）产品管理。已经添加的产品，可以在"管理产品"页面中进行修改，页面产品列表上部提供了快捷的产品筛选功能，如图 10-31 所示。已经上架的产品可以进行信息修改，具体修改内容和产品的上传类似。

图 10-31　管理产品中产品筛选功能界面

10.9　敦煌网数据分析

敦煌网数据分析主要为实时数据（每 10 分钟更新），包括商铺浏览量、商铺访客数、成交金额、成交买家数、成交订单数等，如图 10-32 所示。

图 10-32　实时总览数据界面

在实时走势数据分析中，可以分别就商铺浏览量、商铺访客数、加购次数、收藏次数、成交金额等数据（如图 10-33 所示）进行进一步分析。

图 10-33　实时走势指标的选择界面

在产品概况中，可以分析店铺产品维度的数据概况以及关键指标的历史走势，以便更好地了解店铺产品的总体情况，主要提供流量访客、访问质量、加购收藏、下单转化的漏洞模型数据，如图 10-34 所示。数据看板中主要呈现近期各项关键产品指标的汇总值，并提供环比数据。

图 10-34　关键数据看板界面

此外，在数据分析功能中，还有单品分析、流量分析、行业分析等多种功能，可以更有效地帮助卖家了解产品在市场中的竞争情况，更好地做出经营决策。

参 考 文 献

［1］蒲忠. 电子商务概论［M］. 北京：清华大学出版社，2013.

［2］郭卫东. 电子商务综合实验教程［M］. 北京：清华大学出版社，2012.

［3］刘雪艳，罗文龙，付德强. 电子商务概论实验教程［M］. 成都：西南财经大学出版社，2017.

［4］黄海滨. 电子商务基础实验教程［M］. 杭州：浙江大学出版社，2016.

［5］曹杰，伍之昂，徐林海. 电子商务基础实验与实践［M］. 北京：化学工业出版社，2017.

［6］张春霁. 电子商务实验教程［M］. 北京：清华大学出版社，2016.

［7］肖健华，赵良辉，王天擎. 电子商务创意与创业实验教程［M］. 广州：华南理工大学出版社，2015.